기독교윤리연구소 총서 No.2

일상의 평화를 일구는 공동체

기독교윤리연구소 엮음

기실
Christian
Ethics
Movement

이 책에 삽입된 일러스트는 생성형 AI (Microsoft Designer) 로 제작되었습니다.

일상의 평화를 일구는 공동체

성신형·목광수·김승환·손승호·박혜인·엄국화·김성수

기독교윤리실천운동

일상의 평화를 일구는 공동체

펴낸날 : 2024년 7월 31일

펴낸이 : 백종국

저자 : 성신형·목광수·김승환·손승호·박혜인·엄국화·김성수 (글 순서)

책임 편집 : 성신형, 엄국화

디자인 : 김선

교열교정 : 허우주, 권혜영

펴낸곳 : 도서출판 기윤실

      주소 : (02578) 서울특별시 동대문구 안암로6길 19, 202호

      전화 : 02-794-6200 / 홈페이지 www.cemk.org / 이메일 cemk@hanmail.net

ISBN 979-11-952512-9-2 03230

값 14,000 원

잘못 만들어진 책은 교환해 드립니다.

본서는 창조세계를 돌보는 마음으로 재생용지에 인쇄하였습니다.(그린라이트)

추천사

길가에서 파란 신호를 기다리던 사람들이 돌진하는 차에 순식간에 목숨을 잃는다. 밤 하늘을 밝히는 폭격 빛에 어린아이들이 무방비 상태에서 검은 주검으로 발견된다. 우 리는 이처럼 철저한 "위험사회"에서 살고 있다. 코로나19의 위험만 지나가면 큰 걱정 없이 살 수 있을 것으로 여겼지만 현실은 반대로 가고 있는 것처럼 보인다. 이와 같은 때에 갈등의 해결, 분쟁의 종식, 평화의 구현은 중요한 관심사로 다가온다. 이 책의 필 자들은 다양한 학문적 경험과 삶의 배경을 바탕으로 이에 대해 깊이 고민하고 필요한 대안을 제시한다. 여기에서 기독교윤리학과 공공신학의 관점, 일반 철학과 역사학의 입장 그리고 영화적 시각과 유교 전통에 비추어서 관찰된 일상의 폭력은 그 모습을 드 러내고, 독자들은 지속 가능한 평화의 실현과 그 방법을 추구하는 필자들의 노력과 열 정을 맛볼 수 있다. 이 책은 평화를 만들어가는 예수의 제자가 되길 원하는 사람들에 게 선택과목이 아닌, 필수과목이 될 것이다.

고재길(장로회신학대학교 교수[기독교와 문화], 한반도평화연구원 책임연구원)

개별적인 연구나 출간도 힘들지만, 공동의 저술 출간은 보이지 않는 많은 수고와 공력 을 필요로 합니다. 이번에 기독교윤리를 갖고 씨름하는 기윤실 윤리연구소 여러 학자 들이 일상 속에서의 평화, 윤리, 영성 등과 관련한 책을 출간하게 된 것을 매우 기쁘게 생각합니다. 여전히 갈등 극복의 과제를 갖고 있는 한국 사회에, 한 줄기의 희망과 방 향을 제시할 수 있는 집단 지성의 결과물이 될 수 있기를 기대하며, 기쁜 마음으로 추 천합니다.

이장형(백석대학교 기독교윤리학 교수)

한국 사회와 교회, 그리고 하나님 나라를 함께 이어 말하기 어려움, 즉 우리 삶의 가장 근본적인 모순이 폭력임을 명료하게 보여주는 글들이 기윤실 윤리연구소의 학자들을 통하여 소개됨이 참으로 의미 있다고 생각합니다. 우리는 여기에서 소개된 글들을 통 하여 폭력에 대한 가장 깊은 의식의 차원, 즉 심층 심리학적 관점에서뿐만 아니라 구 조적/역사적/사회철학적/신학적인 통찰을 제공받을 수 있습니다. 나아가 이러한 종합 적 분석과 통찰에 상응하는 통전적 대안을 제시하고 있기에 우리 모두, 특히 책임윤리 적 신앙을 추구하는 이들에게 숙독을 권하는 바입니다.

임성빈(전 장로회신학대학교 총장)

차례

서론

일찍이 로마의 레나투스는 '평화를 원하거든 전쟁을 준비하라!'는 말을 남겼습니다. 이 말은 로마 시대의 지배 이데올로기인 로마를 통한 평화(Pax Romana)를 가장 잘 보여주면서, 현실적인 차원에서 평화를 지키려면 힘이 필요함을 역설하고 있습니다. 인류는 끊임없는 갈등과 다툼, 그리고 폭력의 시간을 살아왔고, 앞으로도 그렇게 살아갈 것입니다. 갈등은 우리 삶의 상수가 되어 있습니다. 저희 기독교윤리실천운동의 기독교윤리연구소에서는 갈등의 존재인 인간을 바라보면서 갈등과 폭력을 벗어날 수 있는 방법은 무엇인지 고민하면서 이 한 권의 책을 준비했습니다.

기윤실 윤리연구소의 연구원들은 기독교윤리적인 차원에서 갈등과 폭력을 극복하는 방법에 대해서 고민하고 토론했습니다. 그리고 거대한 구조적인 폭력에 저항하는 거시적인 담론의 윤리적 접근이 아니라, 우리의 삶의 일상에서 평화를 추구하면서 살아가는 방법을 함께 찾아보기로 하였습니다. 그리고 그러한 고민을 풀어내면서 연구위원들 한 사람 한 사람이 만든 글을 묶어서 내게 되었습니다.

첫 번째 글은 저의 글입니다. 우선 오늘 한국 사회에 살아가고 있는 우리가 경험하고 있는 폭력의 양상과 그 원인을 생각해 보았습니다. 우리의 일상 가운데 너무 깊게 자리 잡은 혐오와 배제의 메커니즘은 우리의 심리적인 기저에 자리 잡은 '수치심'에서 출발하기도 하고, 사회가 만들어 놓은 '희생양' 메커니즘을 통해서 드러나기도 합니다. 또한, 철학적인 차원에서는 자아 형성 과정에서 동일성의 자아와 주체성의 자아 형성의 과정이 균형 잡히지 못한 개인이나 집단에서 폭력성이 드러나기도 합니다. 이렇게 드러난 폭력에 저항하면서 살기 위해서 상대방을 없애는 승리의 방식이 아닌, 폭력을 줄여나가는 현실적인 방법을 추구합니다. 이는 '감(減)폭력'입니다. 이런 과정을 위해서 상대방과 나를 구분 짓는 율법 교사의 방식이 아니라, 강도 만난 사람의 이웃이 되어주는 선한 사마리아인의 방식, 즉 '되기의 윤리'를 추구합니다.

두 번째 글은 목광수 박사님의 글입니다. 목광수 교수님은 어떻게 현대 사회에서 드러나는 다양한 폭력의 양상이 우리의 일상에 깊게 스며들게 되었는지 진단합니다. 현대 사회의 폭력은 가시적인 폭력보다도 비가시적인 폭력이 더 깊게 자리 잡고 있습니다. 이런 상황에서 가해자와 피해자가 잘 구분되지 않습니다. 깊게 자리 잡은 일상의 폭력은 마치 개인적인 문제처럼 보이지만, 절대 그렇지 않습니다. 인류를 경쟁으로 몰고 가는 거대한 사회가 만들어 놓은 구조적인 폭력입니다. 이러한 폭력은 사회적으로 약한 사람들에게 더 큰 상처를 주고 있습니다. 또한, 구조적인 폭력은 우리의 삶의 감정에도 드러납니다. 왜냐하면, 일상의 폭력은 부정적인 감정에서 촉발하기 때문입니다. 우리는 이러한 폭력에 저항하기 위해서 함께 외치면서(Shouting), 폭력의 가능성과 구조를 바꿔내는 거시적인 차원의 노력(Switching)을 기울여야 합니다. 또한, 기독교인으로서 우리가 보여주는 작은 실천이 매우 중요합니다(Showing). 끝으로 이 모든 과정은 자기 존중(Self-respecting)을 통해서 구현됩니다.

　세 번째 글은 김승환 박사님의 글입니다. 김승환 박사님은 우리가 주로 살아가고 있는 삶의 터전인 도시를 들여다봅니다. 도시에서 우리의 일상은 왜곡된 자본주의를 통해서 드러납니다. 인간은 끊임없이 도구화되면서 점점 더 소외되고 있습니다. 매일 반복되는 경쟁은 속도와 전쟁하게 합니다. 그야말로 자본과 욕망으로 무너져버린 일상을 살아가고 있습니다. 이러한 삶 속에서 기독교인은 일상의 영성을 회복하고 거룩에로의 전환을 추구해야 합니다. 이를 위해서 기독교인으로서 우리는 우리의 일상을 하나의 예배(예전)로 해석할 수 있어야 합니다. 이는 일상 가운데에서 제도적이고 교리적인 종교성을 찾는 것이 아니라, 관계적인 영성을 추구할 때에 가능합니다. 빠름보다는 잠시 멈춤을, 혐오와 배제보다는 환대를, 개인보다는 공동체를 추구하면서 함께 순례의 길을 걸어가다 보면, 왜곡된 도시가 주는 폭력으로부터 서서히 벗어날 수 있습니다.

　손승호 박사님은 역사적인 관점에서 한국의 기독교인들이 이해한 평화에 관해서 이야기를 들려줍니다. 처음 평화의 역사는 민족주의에서 시작합니다. 이는 기독교가 처음 한반도에 들어오면서, 당시의 시대적인 상황에서 반일민족주의적인 관점으로 표현됩니다. 이러한 민족운동에는 무력으로 저항하는 것이 필요하다는 정당한 전쟁론이 그 이론적인 배경이 되었습니다. 한편 삼일운동 이후 한국 사회는 비폭력저항의 흐름을 만들기도 했습니다. 그러나 제국주의가 강화되고 일본이 침략전쟁을 통해서 세계의 제국으로 등장하는 시기에 한국 기독교인들은 일제의 전쟁 도구가 되고 맙니다. 물론 신사참배에 거부하기도 했지만, 다수는 제국주의에 무릎을 꿇게 되었습니다. 이후 분단과 냉전의 상황에서 한국 기독교인들은 민주화 운동과 통일 운동을 통해서 평화의 가치를 실현하려고 노력하였습니다. 특히 함석헌 선생님의 사상은 의미 있는 울림이 되기도 하였습니다. 안타깝게도 이러한 노력은 아직도 해결되지 않은 분단의 상황에서 평화는 미완의 과제로 남아 있습니다.

 다음은 박혜인 박사님의 글입니다. 박혜인 박사님은 영화 두 편을 통해서 일상의 폭력을 성찰하고 있습니다. 첫 번째 영화는 <벌새>입니다. <벌새>의 주인공인 여중생 은희는 가정과 학교에서 벌어지는 일상의 폭력을 경험합니다. 동시에 사회적 참사인 성수대교 붕괴를 경험합니다. 자신을 이해해준 유일한 선생님을 이 참사로 잃어버립니다. <헤어질 결심>은 폭력 너머의 사랑에 도달하고 싶은 주인공 조선족 서래의 이야기입니다. 남편의 끊임없는 폭력에 지쳐 살다가, 사랑이라는 탈출구를 찾아보려고 하지만, 끝내 찾지 못하고 스스로 생을 마감하는 선택을 합니다. 이방인으로서 살아내려고 발버둥 쳐보았지만, 폭력의 악순환에 지쳐서, 그렇게 사라져버렸습니다. 박혜인 박사는 이러한 이야기를 버틀러의 생각인 '윤리적 폭력'과 연결 지어서 설명합니다. 나를 중심으로 세계를 구성하려는 자기동일성의 폭력입니다. 이 폭력성을 벗어나기 위해서는 상호의존의 중요함, 즉 관계성의 의미를 파악해야 합니다.

엄국화 박사님은 동북아시아의 유교 전통에서 평화의 의미를 다루었습니다. 평화를 주제로 유교의 경전을 다루었습니다. 엄국화 박사는 일상을 살아가는 사람들의 이야기를 소개하면서 경전을 들여다보고 있습니다. 『대학』이 말하는 평천하(平天下), 『주역』의 지천태(地天泰)와 천지비(天地否), 『중용』의 치중화(致中和), 그리고 『맹자』의 왕도정치가 그 이야기들입니다. '평천하'는 덕으로 나를 밝히면서, 평정심을 유지하는 일상의 평화에서 출발합니다. '지천태'는 만물이 서로 소통하고 어우러지는 형상을 말하고 '천지비'는 하늘과 땅이 서로 불통하는 것을 의미합니다. '치중화'는 평정심을 유지하는 일입니다. '왕도정치'는 덕으로 인을 추구하는 정치를 말합니다. 이러한 동북아시아의 경전에 나오는 이야기들은 우리에게 일상의 평화에 대해서 여러 가지 방면에서 지혜를 전달해줍니다.

끝으로 김성수 박사님의 논문을 부록으로 함께 묶었습니다. 김성수 박사님은 오늘날 노인들에게 전가되는 폭력의 양상을 비판하면서 존엄성의 관점에서 기독교 윤리적인 대안을 제시하는 논문을 발표하셨습니다. 현재 한국 사회의 노인 인구는 빠르게 증가하고 있으며, 이들에게 가해지는 폭력 또한 점점 더 심화하고 있습니다. 김성수 박사는 이러한 현상을 극복하기 위해서 교회가 공적 책임을 지는 자세로 노인 빈곤 극복을 위해서 노력하면서, 법률적인 차원에서 빈곤을 개선하고, 사회적인 이웃 사랑의 정신을 실현해야 함을 주장합니다.

이상 일곱 편의 글을 통해서 폭력에 저항하면서 일상의 평화를 추구하기 위한 성찰을 해보았습니다. 최대한 쉽게 이야기하듯이 설명해보려고 했습니다. 추후에 독자들과 함께 만나서 더 깊은 대화를 나눌 수 있기를 기대하는 마음으로 글을 준비했습니다. 본 책이 한국 사회에서 기독교가 그 윤리적인 책임을 조금이나마 감당할 수 있는 작은 씨앗이 될 수 있기를 바랍니다.

2024년 5월 13일
상도동 연구실에서
성신형 박사

갈등 사회를 살아가는 기독인을 위한 윤리[1]

성신형 (숭실대학교 베어드교양대학 부교수)

들어가는 말

깨진 그릇은
칼날이 된다.

절제와 균형의 중심에서
빗나간 힘
부서진 원은 모를 세우고
이성의 차가운 눈을 뜨게 한다

맹목의 사랑을 노리는
사금파리여,
지금 나는 맨발이다.
베어지기를 기다리는
살이다.
상처 깊숙이서 성숙하는 혼

---

1   본 글은 저자가 2024년 4월 『기독교철학』에 발표한 논문 「한국 사회 갈등 현상에 대한 기독교윤리적 성찰」을 본 저서에 맞게 수정한 것입니다.

깨진 그릇은
칼날이 된다.

무엇이나 깨진 것은
칼이 된다.

오세영, 「그릇 1」

위의 시는 오세영 시인이 1987년 소월시문학상 대상을 수상한 시입
니다. 오늘을 살아가는 사람들은 시인의 이야기처럼 맨발로 깨어진 사
금파리(사기그릇이 깨진 작은 조각)들 위를 걷고 있는 것처럼 살아가
고 있습니다. 깨어진 채로 살아가면서, 내가 깨어진 줄도 모르고, 날 선
칼이 되어서 살아갑니다. 깨진 그릇 조각은 타인을 찌를 뿐 아니라, 결
국 나를 깊숙이 찌르고 상처를 줍니다. 그래도 시인은 시의 3연에서 상
처를 통해서 인간이 성숙할 수 있는 가능성을 보고 있지만, 지금을 살
고 있는 현대인들에게는 상처를 통한 성숙의 가능성도 닫혀있는 듯합
니다. 그야말로 끊임없는 갈등의 악순환을 살아가고 있습니다. 그래도
오세영 시인은 상처 속에서도 성숙할 수 있는 가능성을 보고 있는 것
같은데, 우리들이 살아가고 있는 지금 이곳은 그럴 가능성도 그다지
커 보이지 않아서 안타깝기만 합니다. 어떻게 하면 시인의 노래처럼
상처를 통해서 성숙해지는 길을 찾을 수 있을까요?

우리가 사는 시대 – 끊임 없는 폭력과 갈등

루소는『인간 불평등 기원론』에서 불평등의 기원에 대해서, 사적인 소유가 사회적으로 인정되면서 소유욕이 극대화되어 불평등과 빈곤을 낳았고, 그것이 지배와 복종의 권력 관계를 만들었다고 설명하였습니다. 한편 아렌트는『폭력의 세기』에서 오늘 이 시대를 폭력의 시대로 규정하면서 권력이 시민들에게 강요하는 일상의 폭력을 비판하였습니다. 이러한 분석은 보편적인 차원에서 인류가 경험한 차별과 불평등, 사회적 갈등의 원인을 파악한 것입니다. 자원은 한정되어 있고, 한정된 자원을 나눠 쓰는 것이 현명한 일인데, 모두가 공정하다고 생각될 수 있게 일을 처리하는 것이 어렵기에 갈등이 만들어집니다. 왜냐하면 인간의 욕망은 끝이 없고 또 다양하기 때문입니다.

한편, 지역 혹은 국가마다 그곳의 역사적·사회적 배경과 함께 형성되어 온 차별과 불평등의 메커니즘도 존재합니다. 현재 한국 사회가 직면하고 있는 불평등의 양상은 노동, 청년, 노인, 지역 격차, 여성, 장애인, 소수자, 이주민 등의 차원에서 드러나고 있습니다. 사회적가치연구원이 조사한『2022 사회적 갈등 및 공동체 의식 관련 조사』보고서에 따르면, 한국인들은 이러한 이슈들 가운데 소득 양극화, 이념·지역·정치적 갈등, 학벌 차별, 세대 갈등, 비정규직 차별 등을 심각한 사회적인 갈등 요소로 꼽고 있습니다. 20세기의 한국인은 일제강점기 식민지배와 한국전쟁을 경험하면서 제국주의와 이데올로기 대립을 경험하였습니다. 이러한 역동의 시대를 지나면서 한국인은 매우 빠른 속도로 경제발전을 이루어내었고, 서구식 민주주의 제도를 정착시켜냈습니다. 그러나 제국주의의 역사와 이데올로기의 대립 상황을 그대로 떠안은 채로 발전을 이뤄내면서, 여기에서 기인한 사회적 차별과 불평등이 매우 심각한 상황입니다.

2021년 3월 24일, 매우 의미있는 법이 시행되었습니다. 이 법은 「스토킹범죄의 처벌 등에 관한 법률」입니다. 하지만 이 법은 끊임없는 폭력이 만들어낸 매우 역설적인 법이기도 합니다. 왜냐하면 '스토킹 범죄'는 새로운 사회 현상을 반영하는 법으로, 다른 형법으로 충분하게 예방 혹은 처벌할 수 없는 상황에서 만들어진 법이기 때문입니다. 한국 사회가 건강하게 잘 발전되어가고 있다면 형법으로도 충분히 이러한 행위를 다스릴 수 있어야 하는데, 그렇지 못한 것이 현실입니다. 여성가족부가 발표한 「2021년 여성폭력실태조사」를 보면, 스토킹 범죄의 여성 피해자는 80%가량 되는데, 이러한 폭력의 53%는 아는 지인으로부터 발생한다고 합니다. 또한 이 범죄가 심각한 이유는 관계 당국의 도움으로 문제를 발견하고 개선하는 과정을 거쳤다고 하더라도 2차 피해가 발생하는 경우가 매우 많기 때문이라고 합니다.

이와 관련해서 한국 사회가 매우 아프게 기억하고 있는 폭력은 2016년 5월에 일어난 '강남역 살인사건'과 2022년 5월 발생한 '부산 서면 돌려차기' 사건, 그리고 2022년 9월 발생한 '신당역 살인사건'입니다. '강남역 살인사건'은 평소 여성이 자신을 무시한다고 생각하는 30대 남성이 저지른 사건으로, 이 남성은 강남역 근처의 남녀 공용 화장실에서 기다리고 있다가, 남성 6명이 지나간 후에 한 20대 여성에게 살인을 저질렀습니다. '부산 서면 돌려차기' 사건은 한 남성이 일면식도 없는 여성을 무차별 폭행을 가하고 성폭력을 가하려고 했던 사건으로 대표적인 '묻지마 폭행'사건입니다. '신당역 살인사건'은 여자 화장실에 침입한 범인이 함께 입사한 동료인 피해자를 살해한 사건입니다. 범인은 350여 건의 문자메시지와 전화로 피해자에게 만남을 요구하였으나, 그것이 거절되자 피해자를 협박하고, 결국 살인까지 저질렀습니다. 이상의 사건들을 보면 물리적인 힘이 있는 쪽(주로 남성)에서 힘이 없는 쪽(주로 여성)을 향해서 무차별적인 폭력을 가하고 살인에까지 이르게 된 사건입니다.

이렇게 우리는 '초갈등사회'를 살아가고 있습니다. 대립과 폭력이 일상화되었고, 분노를 조절하지 못하는 사람들로 넘쳐납니다. 최근 자신과 정치적인 의견이 다르다고 해서, 정치지도자에게 폭력을 가하는 사람도 있었고, 한 학생이 관심을 끌기 위해서 유명 정치인을 폭행한 사건도 있었습니다. 인터넷 상에서는 익명성이 보장된다는 이유로 폭력성이 가감없이 노출되는 혐오 발언이 넘쳐나고 있습니다. 끊임없는 갈등과 폭력의 시대입니다.

갈등과 폭력의 사회학적 원인

분노와 갈등, 폭력이 가장 잘 드러나는 현상이 바로 사회적 혐오입니다. 혐오는 단순한 개인적인 일탈이 아니라 사회적 범죄입니다. 왜냐하면 혐오는 사회적 폭력 현상을 드러내는 기저이며, 사회 폭력 범죄의 원인으로, 이는 단순한 개인의 일탈의 문제가 아니라, 사회 범죄적인 차원의 문제이기 때문입니다. 당연히 이를 극복하기 위해서는 혐오 폭력이 개인의 일탈의 문제가 아니라, 사회적인 범죄라는 인식으로 접근해야 합니다.

인류는 매우 오래전부터 혐오와 배제의 사회적 구조를 형성해왔습니다. 혐오와 배제의 논리는 사회 속에서 구조화되어서 사회의 작동원리로 사용되었습니다. 가장 대표적인 예가 지라르가 주장한 '희생양' 이론입니다. 지라르는 『희생양』에서 인간의 욕망과 폭력에 대해서 연구하면서, 희생양은 한 사회의 어려움과 문제의 원인으로 지목되는 대상이라고 설명하였습니다. 사회가 문제에 봉착하게 되면 폭력성이 매우 강하게 드러나는데, 그러한 폭력성을 다른 방향으로 해소하기 위해서 문제의 원인으로 지목되는 대상을 '희생양' 삼아서 그에게 폭력을 전가하여 사회적인 불만을 해소하는 것입니다. 자연스럽게 이들은 혐오와 폭력의 대상이 됩니다. 보통 혐오의 대상으로 지목되는 경우는 바로 사회적인 저항을 할 수 없는 약한 사람들로, 사회는 이들을 지목하여, 그들에게 일방적인 폭력을 가하게 됩니다. 그리고 이들에게 가하는 폭력은 정당한 것이고 또 성스러운 것이라고까지 포장하게 됩니다.

한편 누스바움은 『혐오와 수치심』에서 인간의 감정 중에서 '수치심'이 혐오의 기저라고 설명하였습니다. 누스바움은 법철학, 정치철학, 윤리학 등을 연구하면서 사회적 감정에 대해서 매우 깊게 성찰하면서, 혐오 현상에 대한 분석도 이러한 관점에서 접근하였습니다. 그리고 누스바움은 인간이 사회적으로 형성한 수치심의 감정이 혐오의 기원이 된다고 설명하였습니다. 예를 들어서, 불결함, 연약함, 어리석음 등의 감정이 사회적으로 드러나면서 이러한 감정을 불러일으키는 현상이나 대상을 혐오합니다. 그리고 이러한 대상을 금지하는 사회적인 체계, 즉 법이나 관습들을 만들어왔습니다. 누스바움은 이러한 현상을 극복하기 위해서 윤리적인 차원에서 교육의 중요성을 강조하였습니다.

이제 혐오가 사회적으로 어떻게 드러나는지 위에서 이야기했던 폭력의 예를 들어서 살펴봅시다. 위의 세 이야기는 모두 여성에 대한 남성의 무차별 폭력에 해당되는 사건입니다. 이들의 범죄 동기는 여성 혐오입니다. 박무늬 등의 학자들이 발표한 「청년 세대(20-30대) 남성의 여성 혐오 인식에 관한 연구」를 보면, 여성 혐오는 단순하게 '여성을 미워하는 것'을 의미하는 것이 아니라, '남성 중심 사회에서, 우리가 어머니에게, 아내에게, 직장 여성 동료에게, 길거리에서 만나는 여성에게, 심지어는 만나지 못할 여성들에게 특별히 기대하는 여자다움을 강요하는 것'을 의미한다고 합니다. 이러한 점에서 혐오는 범죄와 연결됩니다. '혐오 범죄'는 '특정한 사회·문화적 인자에 대한 편견으로 인해 발생한 범죄', 즉 '개인 피해자에 대한 증오에 의해서 발생하는 것이 아니라, 피해자가 속한 그룹에 대한 적대감에 의해 저질러지는 범죄'입니다.

이에 위의 사건들은 단순하게 '개인적인 차원에서 여성에 대한 미움이나 반감으로 범죄를 저지른 경우'가 아니라, 약해 보이는 특정 대상에 대한 일방적인 폭력을 드러낸 범죄입니다. 한국 사회는 오랜 시간 동안 관습적으로 만들어 낸 문화적 기저의 여성에 대한 깊은 편견을 가지고 살아왔습니다. 이러한 편견은 그 뿌리가 너무 깊어서 한국인의 일상 속에 드러나는 경우가 허다합니다. 이에 협의적인 의미에서 '여성 혐오'라는 말이 주는 착시에서 벗어나서, 한국 사회가 만들어낸 여성에 대한 관습적인 편견과 혐오가 '혐오 범죄' 즉 커다란 폭력을 만들어 내었으며, 이는 단순히 한 대상을 향한 범죄가 아니라, 한국 사회를 향한 범죄가 되었습니다.

갈등의 원인과 자아인식

이상에서 갈등과 폭력 그리고 이로 발생하는 범죄적인 사건들의 사회학적 원인을 살펴보았습니다. 이제 이러한 원인의 철학적 인식을 인간의 정체성(자아) 인식과 관련하여 살펴봅시다. 우선 우리는 이러한 행동을 저지르는 개인에게 그 원인을 찾을 수 있습니다. 폭력은 자신을 다스리지 못하고 자신의 욕망을 실현하기 위해서 강압적인 방법을 사용해서라도 그것을 충족시키고자 하는 행동이기 때문입니다. 때로는 조현병이나 심신 미약 등이 그러한 행동을 만들기도 합니다. 그러나 이러한 행동의 원인을 개인으로만 돌리기에는 충분하지 않습니다. 왜냐하면, 사회적 동물인 인간은 사회 속에서 군집생활을 하고 있기 때문입니다. 인간의 삶은 가족이라는 사회에서 시작되고, 특정 시기가 되면 학교라는 사회에서 훈련받으며, 학교를 마치고 더 큰 사회로 나가서 우리들의 삶을 영위하고 있습니다. 그래서 인간은 사회적인 동물입니다.

사회 안에서 성장하고 살아가는 사회적 동물인 인간은 자연스럽게 갈등하면서 살아갑니다. 갈등은 우리의 삶의 일부이고, 자아가 형성되는 과정에서 필요한 것입니다. 갈등을 통해서 인간은 정체성을 형성해 갑니다. 인간은 자신의 정체성을 형성하기 위해서 타인을 바라보는 존재입니다. 어릴 때에는 부모를 바라보고 성장하며, 학교에 가서는 친구들과 선생님을 바라보면서 성장합니다. 특히 친구들을 바라보는 과정에서 자신의 정체성을 발견합니다. 나는 내 옆의 친구와 다르지 않다는 생각이 바로 그것입니다. 동시에 친구도 나와 다르지 않다는 생각을 하게 됩니다. 이것은 동일성의 정체성(Identity of Sameness)을 발견하는 과정입니다. 타인을 보고, 나 자신을 발견하면서, 때로는 모방하고, 또 때로는 비교하면서 정체성을 형성해갑니다.

　동일성의 자아가 잘 형성되면 다음 단계로 넘어가면서 성숙한 자의식을 형성하게 됩니다. 이를 주체성의 정체성(Identity of Selfhood)이라고 부릅니다. 모방이나 비교가 아니라 나만의 것을 생각하고 스스로 행동하도록 결단하면서 자신의 정체성을 형성해가는 과정입니다. 이는 나와 타인의 동일성을 확보하는 것만으로는 형성될 수 없습니다. 이 정체성은 나 자신이 좋아하고 스스로 잘할 수 있는 일을 발견하면서 그것을 추구하는 과정에서 발현됩니다. 건강한 개인은 동일성의 정체성에서 출발해서 주체성의 정체성으로 발전되는 과정을 통해서 이루어집니다.

　이러한 과정은 개인적인 과정일 뿐 아니라, 사회적인 과정이기도 합니다. 여기에서 사회적이라고 하는 이유는, 개인이 사회로부터 영향을 받아서 건강한 사람이 된다는 측면도 있지만, 거대한 사회도 개인의 성장과 비슷하게 이러한 과정을 통해서 성숙해가는 것이기 때문입니다. 다시 말해서, 동일성의 정체성을 찾아가면서, 나와 타인이 다르지 않다는 사실을 발견하는 일은 과정은 유아기에 형성되어야 하고, 성장한 후에는 자연스럽게 다름을 인식하고 존중하는 주체적인 정체성을 형성해야 합니다. 만일 여전히 동일성을 확보하는 데에만 매몰되어 있다면, 개인이든 사회든 끊임없는 갈등을 만들 수밖에 없습니다. 레비나스는 『전체성과 무한』에서 동일성의 주체성만을 강조하는 서구 존재론이 힘의 철학으로 전락할 수 있는 위험을 안고 있으며, 이것이 인간 폭력의 정점인 전체주의의 원인이 되었다고 주장하면서 서구 존재론의 한계를 지적하였습니다. 레비나스는 이러한 과정을 타자를 동일자로 환원시키는 과정이라고 설명하면서, 결국 이러한 과정으로 서구 존재론은 힘의 철학으로 전락하게 되었다고 비판하였습니다. 타인을 있는 그대로 받아들이면서 존재에 대해서 이해하는 일은 동일자 인식에서 타자인식으로 넘어가는 과정, 즉 동일성의 정체성에서 주체성의 정체성으로 넘어가는 과정을 통해서 형성됩니다.

안타깝게도 이러한 현상이 한국 사회 곳곳에서 벌어지고 있습니다. 같아지려고 하는 욕망, 다른 사람들과 비교해서 무엇인가 부족한 것이 발견되면 분노하는 현상. 나 자신을 위해서 행복의 의미를 발견하고 찾아가려는 주체적인 정체성을 형성하지 않고, 동일성의 정체성만을 위해서 달려가는 사회가 되면서, 이러한 현상이 드러나고 있으며, 이는 심각한 갈등의 원인이 되고 있습니다.

갈등과 폭력의 실제적 모습

이상에서 갈등과 폭력의 원인들을 살펴보았습니다. 이제 갈등이 벌어지는 실제의 모습들을 살펴봅시다. 평화학자 갈퉁은 『평화적 수단에 의한 평화』에서 폭력의 종류를 직접적 폭력, 구조적 폭력, 문화적 폭력으로 구분하였습니다. 직접적 폭력은 적자 생존의 현실 속에서 자신에 대해서 폭력을 가하기도 하고(자살), 타인과의 개인적 혹은 사회적 폭력이 벌어지기도 하고 국가와 국가 간의 폭력(전쟁)을 일으키기도 하며, 문화를 말살하기도 합니다. 구조적 폭력은 사회 구조에 따라서 인종, 계급, 제국주의, 환경 파괴 등의 형식으로 드러납니다. 이러한 구조적 폭력은 가부장에, 인종주의, 계급주의, 제국주의 등의 사회 이데올로기와 연결되어 있습니다. 문화적 폭력은 종교, 법, 사상, 언어, 예술, 과학, 학교, 언론 등의 현장에서 문화적으로 드러나는 폭력 현상입니다. 종교는 힘의 논리를 형성하는데 기여하며, 서구적 보편주의적 관점에서의 민주주의나 인권 개념도 폭력에 기여할 수 있으며, 국수주의나 남성중심적 예술, 서구적 논리에 근거한 과학 등도 이러한 폭력에 해당됩니다. 갈퉁이 설명한 폭력의 종류를 볼 때, 폭력은 우리의 삶에 매우 광범위하고 깊게 퍼져있습니다.

한편, 김상기는 자신의 연구「폭력에 대한 전통적 신학의 입장표명 윤리 비판과 기독교 담론윤리구상」에서 폭력의 구조를 단계별로 나누어서 설명하였습니다. 그 첫 번째 단계는 폭력이 준비되는 단계이고, 두 번째는 폭력 실행 단계, 그리고 세 번째는 폭력 이후 단계입니다. 폭력이 준비되는 단계에서는 갈등이 정치화되고 잠재적인 폭력이 형성됩니다. 이때 등장하는 첫 번째 메커니즘은 이데올로기입니다. 권력이 자신의 이데올로기를 내세워서 폭력을 정당화합니다. 두 번째 메커니즘은 조직화입니다. 권력은 자신의 폭력 사용을 합법화하면서 구성원들의 폭력적 행동을 독려합니다. 세 번째 메커니즘은 타자화입니다. 이는 집단을 구분 지어서 차별하기, 낙인찍기, 분류화, 범주화, 비인간화, 양극화 등의 과정을 형성해내면서 편가르기를 시도합니다. 네 번째 메커니즘은 동질화입니다. 타자화 과정에서는 폭력의 대상을 비인간화하였다면, 동질화에서는 대상에서 벗어난 개인을 하나의 집단으로 묶어내는 것입니다.

다음은 실제적으로 물리적인 폭력이 실행되는 단계입니다. 이 단계의 첫 번째 메커니즘은 고립화입니다. 타자화된 대상을 고립화해서 폭력을 가하기 용이하게 만듭니다. 두 번째 메커니즘은 상호보복입니다. 상호보복은 두 집단간에 앙갚음을 부추기는 방법으로 형성됩니다. 셋째 메커니즘은 광기화입니다. 폭력의 강도와 빈도를 증폭시켜서 사람들을 더욱 잔인하게 만들게 됩니다. 네 번째 메커니즘은 멸절화입니다. 이는 인종청소(Genocide)와 같은 상황으로 발전하게 되는 양상입니다. 폭력 이후 단계는 기억이 정치적 구성과 정신적 폭력의 과정을 반복하게 합니다. 그 첫 번째 메커니즘은 부정화입니다. 부정화는 기억의 정치학에서 작동되는 기제로 기억을 조작하거나 정치적 신화를 만들어서 집단적으로 기억을 왜곡하고 망각하게 만들고 조작하게 만듭니다. 두 번째 메커니즘은 정당화입니다. 정당화는 명분과 변명을 적절하게 만들어서 자신들의 행위를 정당화합니다. 이러한 폭력의 구조는 끊임없이 반복·재생산·증폭되고 있습니다. 이상의 단계를 구조화하여 표현하면 아래와 같습니다.

<그림1. 폭력의 구조>

이상에서 우리는 갈등과 폭력의 실제 사례와 그 구조를 살펴보면서, 갈등과 폭력의 위험성에 대해서 살펴보았습니다. 그렇다면 최선은 갈

등을 완전히 제거한 갈등-제로의 상태를 만드는 것이라고 생각할 수 있을 것입니다. 그러나 이러한 상태는 존재하지 않습니다. 갈등-제로의 이상적인 상태를 만드는 것을 목표로 하는 것 보다 갈등의 사회학적인 구조를 이해하면서, 갈등의 역기능과 순기능을 이해함으로 갈등을 조정할 수 있는 방향으로 사유하는 것이 더 의미가 있습니다.

이러한 사유를 위해서 짐멜의『갈등론』이 유용합니다. 갈등에는 긍적적 측면과 부정적 측면이 동시에 존재합니다. 갈등의 긍정적인 측면은 대립과 수렴을 통해서 관계가 형성되는 것이고, 부정적인 측면은 상황에 대해서 무관심으로 대응함으로 통합을 거부하는 행위로 드러납니다. 갈등을 직면하는 것은 오히려 긍정적인 결과를 만들 수 있고, 무관심이 부정적인 결과를 만들어냅니다. 이에 사회속에서 갈등은 긍정적 요인과 부정적인 요인이 끊임없이 상호작용하고 있습니다.

이에 짐멜은 갈등은 사회 통합을 추동하는 기본 형태의 하나로 그 역할을 할 수 있다고 주장합니다. 짐멜은 우리가 가지고 있는 사회적 감정 중 하나인 반감을 그 예로 들었습니다. 주로 도시에서 살아가고 있는 현대인들은 끊임없는 사회적 감정의 소용돌이 가운데 다른 사람들과 무수히 접촉하면서 살아가고 있습니다. 이런 관계 속에서 사람은 다른 이들에게 늑대처럼 적개심을 품고 다가갑니다. 짐멜은 이 적대감 그 자체로 사회통합을 이룰 수는 없지만, 적대감이야 말로 사회통합을 이루는 꼭 필요한 사회학적 요소라고 주장합니다. 왜냐하면 적대감은 사회학적 현상 속에서 여러 관계들을 형성하는 구성물로 작용하기 때문입니다. 짐멜에 따르면, 결국 갈등은 집단을 형성하는 하나의 토대가 된다고 합니다.

또한 짐멜은 갈등과 평화의 관계를 모순이라고 설명합니다. 왜냐하면 갈등에서 평화로 안정된 관계는 다시 또 평화에서 갈등으로 전환되기 때문입니다. 이에 갈등을 끝내는 몇 가지 동기를 이해할 필요가 있습니다. 갈등을 종식시키는 첫 번째 방법은 갈등대상을 소멸시키는 것으로, 이는 '승리'의 순간입니다. 승리는 평화를 가져다줍니다. 그러나 약한 쪽이 강한 쪽에 의해서 소멸(혹은 패배)됨으로 얻어지는 승리는 갈등을 끝내는 최고의 방법이 아닙니다. 왜냐하면 인간은 계속해서 승리를 얻고자 하는 욕망이 있기 때문입니다. 오히려 갈등을 끝내는 최고의 방법은 타협입니다. 짐멜은 타협이 인류 최고의 발명품이라고 하였습니다. 서로 양보와 적절한 보상을 통한 타협이 이뤄지면 갈등은 종결됩니다. 타협은 갈등을 종결시키는 객관적인 방법입니다. 한편 갈등을 끝내는 세 번째 동기로 화해가 있습니다. 화해는 순수하면서 주관적인 방법입니다. 화해는 용서와 연결된 과정으로 적에 대한 보복을 단념하는 일입니다. 이런 점에서 화해는 불가능한 측면이 있습니다. 그래서 짐멜은 망각이 용서와 완전한 화해에 도달할 수 있는 길이라고 역설하였습니다. 이상에서 짐멜을 통해서 갈등의 사회학적 기능을 살펴보았습니다. 짐멜의 이러한 주장은 폭력을 극복하기 위한 현실주의적인 차원에서의 기독교 사회윤리적 성찰을 위해서 필요합니다.

갈등과 폭력 극복을 위한 기독교윤리적 성찰

이상에서 살펴본 대로 인류는 갈등과 폭력을 완전히 이기는 승리를 원하지만, 이러한 이상적인 결과는 현실에서는 불가능합니다. 인류에게 폭력이 없었던 적은 없었다고 해도 과언이 아닙니다. 지금도 지구한 편에서는 전쟁을 벌이고 있으며, 사회적인 갈등은 곳곳에서 벌어지고 있습니다. 개인적으로도 주변 사람들의 폭력으로 힘들어하는 사람들이 있습니다. 이러한 상황 속에서 폭력이 없는 상태(평화)를 꿈꾸는 것은 어리석은 일이 될지도 모릅니다. 그렇다고 평화를 꿈꾸지 않는다면, 그것은 폭력을 더욱 증폭시키는 결과를 가져오게 될 것입니다.

이런 점에서 이찬수가 그의 연구 「감폭력의 정치와 평화의 신학」에서 주장한 세 가지 종류의 평화를 이해한다면 폭력을 극복하기 위한 성찰을 시작할 수 있습니다. 이찬수는 '유지', '조성', '구축' 세 가지 차원의 평화를 말했습니다. 평화유지(peace-keeping)는 안정된 상태를 유지하기 위해서 더 큰 힘에 기대는 행위입니다. 마치 로마 제국 시대에 로마가 집권 이데올로기로 '로마를 통한 평화(Pax Romana)'를 사용했던 것과 비슷한 논리입니다. 다음으로 평화 조성(peace-making)은 평화유지보다는 조금 더 적극적인 행동으로 합의를 통해서 평화를 이끌어내는 행위입니다. 국가 간의 조약이 그 대표적인 예입니다. 그러나 유지나 조성은 불안한 평화인데, 왜냐하면 폭력 상황을 감내해서 얻은 일시적인 평화이기 때문입니다. 이에 우리는 더 큰 단계인 평화 구축(peace-building)을 생각할 수 있어야 하는데, 평화 구축은 우리의 삶에서 폭력을 줄이고 궁극적으로 폭력을 없애는 행위입니다.

결국 평화를 위해서 폭력을 줄이는 일이 필요합니다. 평화를 세우는 일은 폭력을 줄이는 일입니다. 왜냐하면 폭력을 줄여나가는 만큼 평화가 늘어나기 때문입니다. 이찬수는 갈퉁의 감(減)폭력을 자신의 연구에서 활용합니다. 감폭력은 다음과 같은 수학 공식으로 설명됩니다.

$$평화\ (Peace) = \frac{공평\ (Equity)\ X\ 조화\ (Harmony)}{상처\ (Trauma)\ X\ 갈등(Conflict)}$$

< 그림 2. 갈퉁의 평화 공식 >

평화는 공평과 조화의 곱에 비례하고, 상처와 갈등의 곱에 반비례합니다.[2] 이는 공평과 조화의 역량을 키우면 키울수록 상처와 갈등은 줄어들게 됨을 의미합니다.

레비나스의 철학은 감폭력을 위한 철학적 성찰의 좋은 예가 될 수 있습니다. 레비나스의 철학은 인류가 당한 가장 커다란 폭력인 2차 세계대전에 대한 철학적인 반성에서 출발했습니다. '전체주의의 폭력은 어디에서 출발했는가?'라는 질문에 대해서 레비나스는 서구의 존재론에서 폭력의 기원을 찾았습니다. 위에서도 언급했듯이, 서구 존재론이 동일성의 정체성을 찾아내는 과정에 머물면서, 타인의 의미를 망각하고 타자를 동일화하는 데에서 폭력이 출발하였다고 레비나스는 진단합니다. 그리고 레비나스는 존재가 세계에 존재하는 것이 진리라고 하는 하이데거 존재론의 중요한 명제는 동일성의 정체성에 기초해서 구성되었다고 분석하면서 동일성의 정체성 안에 머물러 있는 이 사유의 방식이 민족주의와 만나게 되면서 전체주의적인 폭력의 현상을 만들

---

2   본 공식은 갈퉁이 출간한 책 *A Theory of peace: Building Direct Structural Cultural Peace* (Transcend University Press, 2012)에 나온다고 합니다. 저자가 본 공식을 처음 본 것은 이찬수의 위의 논문 23쪽입니다. 그리고 갈퉁의 원문을 찾아보았으나, 현재 절판되어 찾을 수 없는 상황입니다. 이에 이찬수의 논문에서 나온 공식을 그대로 인용합니다.

게 된다고 비판하였습니다. 그러면서 레비나스는 동일성의 정체성에서 주체성의 정체성으로 넘어갈 때에 전제주의의 폭력을 극복할 수 있다고 하였습니다. 주체성을 이해하기 위해서는 내 앞의 타자가 나와 동일하다는 생각을 넘어서, 타자의 중요성에 대해서 현상학적 발견을 하는 것이 필요합니다. 이러한 과정은 타인의 얼굴의 중요성을 발견하는 일입니다. 타인은 얼굴로 다가옵니다. 그리고 그 얼굴은 우리에게 호소합니다. 얼굴의 호소에 나(주체)는 대답합니다. 얼굴로 다가온 타인의 호소를 듣고 반응하는 과정이 책임(Responsibility = Respond + Ability)입니다. 이는 타인의 명령을 듣고 내가 대답하는 과정입니다. 진정한 주체성은 얼굴의 호소에 대답하는 과정을 통해서 형성됩니다.

한편 레비나스는 얼굴의 역설을 이야기합니다. 얼굴은 폭력에 노출됩니다. 얼굴은 폭력의 대상이 되기 가장 쉽습니다. 그런데 바로 여기가 얼굴의 중요성을 발견하는 지점입니다. 폭력을 당하기 쉬운 맨 얼굴. 타자는 이 얼굴로 호소합니다. 나는 이 호소를 듣고 대답합니다. 이 행위가 바로 책임입니다. 이 책임을 깨닫는 순간 또 다른 역설적인 상황이 발생합니다. 얼굴로 다가온 타인의 호소는 나에게 명령합니다. 이 명령은 나의 자유를 문제삼고 나의 자유를 빼앗아갑니다. 더 심각하게 주체는 타인의 포로가 됩니다. 이러한 과정은 마치 박해와도 같습니다. 주체는 박해를 견디면서 타인을 위해서 나를 희생합니다. 레비나스는 『존재와 달리 또는 존재성을 넘어』에서 바로 이 희생을 통해서 궁극적으로 대속의 경험을 하게 된다고 주장합니다. 이는 대속의 주체가 되는 것입니다. 이를 윤리적인 주체성이라고 합니다.[3] 레비나스는 이와 같은 윤리적 주체가 되는 과정을 통해서 나에게 다가온 타인을 환대하면서 받아들일 수 있다고 합니다. 이 지점이 바로 폭력을 줄이는 출발선이 될 수 있습니다. 레비나스의 이러한 분석은 윤리적 관계성으로 출발하는 비폭력의 가능성을 인식하는데 결정적인 도움을 줍니다. 왜냐하면 얼굴을 바라보는 행위는 타자를 폭력의 대상으로 바라볼 수 없게 만들기 때문입니다.

이상에서 우리는 감폭력 윤리의 가능성을 찾아보았습니다. 이제 끝으로 갈등과 폭력에 대한 기독교윤리적 대안을 생각해봅시다. 우선 라인홀드 니버가 주장한 기독교현실주의를 살펴봅시다. 기독교현실주의는 아우구스티누스로부터 시작된 주장으로 기독교인의 삶의 자리에 대한 분석과 함께 시작되었습니다. 아우구스티누스에 따르면, 기독교인은 하나님의 도성과 인간의 도성을 살아가고 있습니다. 여기 사람이 발붙이고 있는 땅은 '인간의 도성'입니다. 그러나 기독교인은 동시에 하나님의 구원의 백성으로 '하나님의 도성'을 살아가고 있는 존재입니다. 그러므로 인간의 도성의 한계를 이해하고 하나님의 도성의 백성으로서 윤리적인 삶을 살아가는 것이 기독교현실주의입니다. 니버는 아우구스티누스의 이러한 주장을 수용하면서 현대 사회를 살아가는 개인은 윤리적일 수 있지만, 사회의 부조리가 비윤리적인 삶을 살아가게 만든다고 주장하였습니다. 니버는 『도덕적 인간과 비도덕적 사회』에서

---

3 레비나스의 대속의 경험은 기독교의 대속의 경험과는 구분해서 읽어야 합니다. 기독교는 예수의 대속으로 인류가 구원을 받았음을 말합니다. 그러나 레비나스는 윤리적 주체, 즉 타자를 위해서 나를 희생하는 경험을 통해서 대속의 경지에 이를 수 있다고 말합니다. 이는 인문주의적 차원에서 메시아가 되는 경험입니다.

아우구스티누스가 지나치게 세속과 종교의 이분법에 빠지는 것을 경계하면서도, 사랑과 정의의 변증법적인 관계를 통해서 아가페적인 사랑을 구현하는 것을 윤리적인 과제로 제시하였습니다. 이 목표를 위해서 현실적인 차원에서 그리스도의 '사랑'을 구현하기 위해서 정의를 구현하는 현실주의적인 선택으로 조화와 힘의 균형의 차원에서 정치를 통해서 구현되는 평화가 필요하다고 주장하였습니다. 니버의 이러한 주장은 2차대전 이후 냉전시대에 기독교윤리적인 차원에서 폭력과 평화의 문제를 고민한 점에서 의의가 있습니다.

앞서 소개한 갈퉁의 감폭력은 기독교사회윤리적인 차원에서 보면 현실주의적인 입장과 잘 연결됩니다. 왜냐하면 끊임없는 폭력의 시대를 살아가는 현대인들에게 폭력을 없애는 목표보다 현실적인 일은 폭력을 줄이는 일이기 때문입니다. 이런 관점에서 니버의 기독교현실주의와 함께 기독교윤리적 대안으로 '되기의 윤리'를 제시하고자 합니다. 이를 위해서 예수의 선한 사마리아인의 비유를 살펴보면서 되기의 윤리의 가능성을 제시하고자 합니다.

선한 사마리아인의 비유는 한 율법교사가 예수께 찾아와서 '누가 하나님의 나라에 들어갈 수 있습니까?'라고 묻는 질문으로 시작합니다. 예수는 율법에 명시된바 '하나님과 이웃을 사랑할' 것을 요구하였습니다. 이에 율법교사는 질문을 바꾸어서 '누가 우리의 이웃인가?'라고 다시 묻습니다. 이 질문은 매우 교묘한 질문입니다. 왜냐하면 율법교사는 유대교 전통에 따라서 이미 부정한 자와 정결한 자를 정해두고, 그들이 사랑할 대상과 미워할 대상이 누구인가에 대해서 질문했기 때문입니다. 동시에 이 질문은 예수가 얼마나 유대교의 정결법을 잘 따르고 있는가에 대한 질문이기도 합니다. 그러나 예수는 율법교사의 초점을 바꾸시면서 선한 사마리아인의 비유를 이야기했습니다. "여리고로 내려가던 한 사람이 강도를 만났는데, 레위인도 제사장도 강도 만난 사람을 보고 외면했지만, 사마리아 사람만 그를 도와주었다. 그렇다면 누가 강도 만난 사람의 이웃이 되어주었느냐?" 예수의 질문에 대한 율법교사의 대답에서 우리는 그의 위선을 다시 한번 더 볼 수 있습니다. 그는 '사마리아인'이라고 대답하지 않고 "선을 베푼 사람입니다"라고 대답하였습니다. '사마리아'라는 말은 입에 담아서도 안 되는 혐오와 배제의 언어였던 것입니다.

이에 예수는 다음과 같이 대답하였습니다. "사마리아인처럼 너희도 이웃이 되어주어라." 여기에는 예수의 비판의식이 숨어있습니다. 예수는 약자를 혐오와 배제하기 위한 율법의 전통을 거부하면서, 기독교인이 빠지기 쉬운 오류가 바로 '존재(being)'에 대한 기준으로 '되기(becoming)'의 삶을 등한히 하는 것이라고 말씀하셨던 것입니다. 바로 이 율법교사와 같이 '자격을 갖춘 사람'을 찾으려고 애쓰면서 혐오와 배제의 메커니즘을 형성하면서 폭력의 문화를 만들어가게 되어 있습니다. 그러나, 예수께서는 자격을 갖춘 사람을 찾아내는 일이 아니라, 깊은 폭력에서 신음하고 있는 강도만난 사람을 보고 함께 고통하면서 그를 치료하는 일에 관심을 가졌습니다. 이것은 '구분 짓기'가 아닌 '되기'의 과정입니다.

되기의 윤리는 가장 급진적인 전환(Radical Conversion)이면서 새로운 관계 맺기입니다. 김은혜는 「포스트 휴먼 시대의 되기의 기독교 윤리」에서 되기의 윤리가 가능하려면 세 가지 조건이 충족되어야 함을 주장하였습니다. 첫째, 근대적 인간이 만들어놓은 이분법적 사유를 벗어나야 합니다. 되기의 윤리는 분리가 아니라 관계적인 사유를 하는 일입니다. 이 관계성은 자아와 타자, 문화와 자연, 인간과 비인간, 인간과 기계 등 환경적·문화적·기술적 이분법의 경계를 깨뜨리고 인간이 모든 것들과 물리적·정신적으로 관계 맺으며 살기를 실현함으로 가능합니다. 둘째, 되기의 윤리는 동일성의 자아가 아니라, 차이의 자아를 긍정합니다. 차이의 긍정은 존재함(혹은 존재, being)이 아닌 되어감(becoming)의 자아에 관심을 가집니다. 이는 동화, 동질화, 혹은 보편화의 과정이 아닌 다양한 그룹들의 소리에 귀 기울이면서, 서로의 물질적·신체적 차이를 긍정합니다. 더 나아가서 이 차이의 주체성은 윤리적 책임에 기초한 행동의 실천을 우선시하는 실천윤리를 형성하게 됩니다. 셋째, 되기의 윤리는 생활의 윤리이고 긍정의 윤리입니다. 차이의 긍정은 삶의 긍정을 이끌어내고, 삶의 긍정은 공동체의 변화를 이끌어내며, 공동체의 변화는 사회변혁을 추동합니다. 이러한 삶의 윤리는 거시적인 차원의 윤리 실천이 아니라, 상처받고 배제당하고 박탈당한 약자들과 연대하면서 동화의 사유가 아닌 관계적 사유를 실현합니다.

되기의 윤리는 감폭력의 상상력을 자극합니다. 새로운 관계를 살아가는 기독교인의 윤리를 이야기합니다. 새로운 관계 맺기를 통해서 상처와 갈등은 줄여나가고 공평과 조화를 확대해갑니다. 더 나아가서 되기의 윤리는 인간과 인간 간의 관계뿐 아니라, 오늘날 인류가 경험하고 있는 전지구적인 폭력을 극복할 수 있는 길이 될 수 있습니다.

나가는 말

다시 시인의 노래를 생각합니다. 비록 '깨진 그릇이 칼날이 되는' 시대를 살아가고 있지만, 맨발로 사금파리 위를 걸으면서, 베인 살이 낫기를 기다리는 성숙의 시간을 준비합니다. 우리는 비록 깨어진 관계 속에서 상처받고 또 상처를 주면서 살아가고 있지만, 상처가 치유되고 회복될 수 있는 윤리적 성찰의 길을 찾을 수 있기를 바랍니다. 이를 위해서 한국 사회가 직면하고 있는 갈등과 폭력 현상을 분석하면서, 갈등과 폭력을 모두 없애버리는 '승리'의 추구가 아니라, 폭력을 줄여나감으로 평화의 지평을 넓혀나가는 현실적인 대안을 생각해봅니다. 감폭력을 위한 '되기의 윤리'가 그 대안이 될 수 있을 것입니다. 감폭력을 위해서는 타자의 얼굴을 바라보는 인식의 전환을, 그리고 되기의 윤리를 위해서는 예수의 '선한 사마리아인의 비유'처럼 어떤 존재인가를 묻는 '구별짓기'에서 벗어나서 '이웃 되기'를 실천하는 윤리적인 기독교인이 될 수 있으면 좋겠습니다. 다시 말해서, 초갈등사회를 살아가는 현대인들에게 갈등은 줄여내고, 화해는 키우는 '감폭력'의 길을 모색하는 것이 필요한데, '되기의 윤리 실천'이 그 한 방법이 될 것입니다. 이것은 '내 이웃이 될 자격'을 갖춘 사람을 찾는 것이 아니라, 끊임없는 폭력 속에서 상처받는 이웃들을 위해서 작지만 지속적인 사랑의 실천들을 행하는 길입니다.

구조적 폭력과 일상의 폭력

목광수 (서울시립대 철학과 교수)

일상의 폭력이 만연한 한국 사회

제가 '일상의 폭력'이라는 주제에 관심을 두게 된 계기 중 하나는 <똥파리>(2008)라는 영화를 시청한 경험입니다. 당시 아렌트(Hannah Arendt)의 「폭력에 대하여」(1970)라는 글을 읽고 있었기 때문인지 '폭력은 폭력을 낳는다'라는 폭력의 계승에 대해, 그리고 이러한 계승이 일상의 저변에 널리 퍼져 있다는 것이 인상 깊었습니다. 아버지의 가정 폭력을 경험하며 자란 피해자인 아이가 성장하여 폭력의 가해자가 되어 또 다른 폭력의 가해자를 낳는 과정, 그리고 그러한 폭력을 벗어나려고 몸부림치지만 벗어날 수 없는 폭력의 공고한 영향력을 영화는 사실적으로 잘 그려내고 있습니다. 이 영화를 보면서 제가 경험했던 폭력의 사례들이 떠올라 '폭력'이라는 화두가 제 머릿속에서 맴돌았습니다. 이러한 관심으로 폭력에 대해 이런저런 글들을 읽으면서 공부하던 제게 이창동 감독의 영화 <버닝>(2018)은 폭력에 관한 관심을 한국 사회로 초점 맞추게 되는 계기였습니다. 영화를 통해 한국 사회의 경제적 불평등한 현실 속에서 젊은 세대가 겪는 불안과 분노의 부정적 감정들을 새롭게 볼 수 있었는데, 이러한 현실을 한편으로는 이해하고 공감하면서, 다른 한편으로는 어떻게 하면 이러한 감정을 해소하고 일상의 폭력을 근절할 수 있을까 하는 고민을 하게 되었습니다.

한국 사회에 일상의 폭력은 만연합니다. 이런저런 폭력으로 인한 불안감이 사회 전반에 깔려 있습니다. 통계청이 발표한 <한국의 사회 동향 2023>에 따르면, 비록 지속해서 증가한 것이긴 하지만 2022년 국민 10명 중 3명(33.3%)밖에 안전하다고 느끼지 않는다고 합니다. 나머지 7명은 우리가 평안히 생활해야 할 일상에서 불안해한다는 의미입니다. 폭력이 일어나는 장소와 영역을 기준으로 보면, 학교 폭력, 가정 폭력, 직장 폭력 등으로 열거할 수 있고, 폭력의 방식으로 보면 신체적 폭력, 언어폭력, 성폭력, 감정 폭력 등으로 분류할 수 있는 폭력들을 여기저기에서 발견할 수 있습니다. 우리가 살아가는 삶의 자리, 삶의 시간 곳곳이 폭력으로 얼룩져 있는 것입니다. 이런 일상의 폭력에 대응하기 위해서는 먼저 이러한 폭력들이 무엇인지를 살펴볼 필요가 있습니다. 우리가 막연하게 이해하고 있다고 믿는 일상의 현상을 분명한 개념으로 포착할 때, 그 정체가 또렷이 드러날 뿐만 아니라 그래야 문제를 해결할 수 있는 실마리도 찾을 수 있기 때문입니다.

다양한 폭력 의미들 사이의 공통분모

'일상의 폭력'이 무엇인지 규명하기 위해, 먼저 유개념인 '폭력'이 무엇인지 살펴보도록 합시다. 대표적인 평화 연구가인 갈퉁(Johan Galtung)은 「폭력」(1967)이라는 글에서 "인간의 육체적·정신적 실현이 그 잠재적 실현 가능성에 미치지 못하도록 하는 모든 영향력이 폭력이다"라고 말합니다. 갈퉁의 정의로 보면 앞에서 언급했던 사례들을 잘 포착할 수 있는 것으로도 보입니다. 그런데 이 정의가 '일상의 폭력'을 포착하기에 적확한지는 의문입니다. 재독 철학자 한병철 교수는 『폭력의 위상학』(2011)에서 이런 폭력 개념이 너무 넓다고 비판합니다. 왜냐하면, 이런 정의는 경제적 착취나 억압과 같은 부정의(injustice)라든지 교육 기회를 얻지 못해 생겨나는 불공평이나 불공정과 같은 측면들까지 폭력이라고 포함해 도덕의 중요한 측면들이 일반화되어 버리기 때문입니다. 아렌트 연구가인 김선욱 교수는 『한나 아렌트와 차 한잔』(2021)에서 아렌트의 폭력 개념을 '물리적 또는 사회적 강압으로 타인을 제압하여 자기 의지를 그에게 관철케 하는 행위'로 정리합니다. 이런 개념은 갈퉁처럼 좁지는 않아서 폭력의 특수성을 잘 보여줄 수 있지만, 타인 지향적인 부분으로만 한정되어 자신에게 행하는 폭력을 외면하게 됩니다. 사실 현대 한국 사회에서 많이 볼 수 있는 폭력 가운데는 자신에게 행하는 폭력도 적지 않습니다. 통계청의 <2022 사망원인통계>에 따르면, 2022년 자살 사망자 수는 12,906명이고, 1일 평균 자살자 수가 35.4명이라고 하니, 자살 시도는 더 많을 듯합니다. 18세기 도덕 철학자 흄(David Hume)은 『인간 본성에 대한 논고』(1739)에서 '나의 자유로운 행동을 억압하기 위해 자유로운 행동에 강제를 가하는 행위가 폭력'이라고 말합니다. 이런 정의는 자유의 외재적인 성격을 잘 포착하지만, 가스라이팅에서 볼 수 있는 것처럼 자기 내면에 행해지는 강제에 대해서는 간과합니다. 이처럼 많은 연구자가 일상에서 쉽게 접할 수 있는 폭력 현상을 학문적으로 정의하려고 노력해 오고 있지만, 일상의 폭력을 포착하기에는 충분하지 못합니다. 이미 현상이 있는데 뭐 하러 정의를 내리려고 이런 고생을 사서 하는지 모르겠다는 푸념이 있을 수도 있습니다. 그렇지만 어떤 현상에 대해서 정의를 내리는 작업, 그래서 그 개념을 분명하게 만드는 일은, 두리뭉실해서 막연하기만 한 현상들을 효과적으로 포착해 내고, 그래야만 이에 대한 윤리적 대응도 가능해지므로 중요합니다.

폭력의 의미를 좀 더 분명하게 포착하기 위해 20세기 미국의 정치철학자이자 윤리학자인 롤즈(John Rawls)의 중첩적 합의(overlapping consensus) 방법론을 차용하려고 합니다. 이 방법론은 모두가 동의할 만한 다양한 의미의 공통분모를 찾으려는 시도입니다. 아래 그림에서 볼 수 있는 것처럼 쉽게 보면 교집합을 잡아내는 것 같지만, 이 방법은 교집합인 동시에 각 집합의 공통분모를 위해 의미를 수정하는 동적인 과정도 포함하고 있습니다. 앞에서 살펴본 학자들을 포함해 많은 학자가 폭력 개념을 정의하면서 사용했던 것들 가운데 성격을 보여주는 '강제,' 대상을 의미하는 '존재,' 초래하는 결과를 말하는 '피해'라는 공통 요소들을 먼저 추출하고 이들이 중첩되는 △을 폭력의 의미로 제안하고자 합니다.

'강제'가 보여주는 폭력의 성격은 물리적이든 비물리적이든 힘이나 영향이 대상인 존재의 의지에 반해서 일어난다는 점입니다.

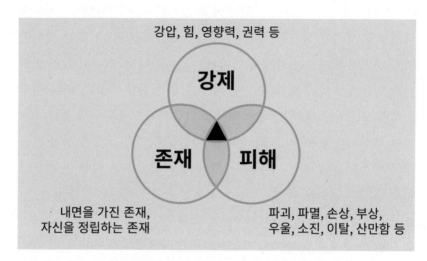

강압, 힘, 영향력, 권력 등

강제

존재 | 피해

내면을 가진 존재,
자신을 정립하는 존재

파괴, 파멸, 손상, 부상,
우울, 소진, 이탈, 산만함 등

'존재'는 폭력의 대상을 의미하는데, 이것은 반드시 인간에게만 해당하는 것은 아니며, 내면을 가진 존재로서 자신을 정립하는 존재, 예를 들면 동물도 포함될 수 있습니다. '피해'는 폭력의 결과인데 물리적인 파괴라든지 파멸이라든지 손상이라든지, 또는 심리적인 우울이라든지, 소진(burn-out)이라든지, 또는 어떤 것에서 벗어나게 한다든지. 또는 산만하게 만든다든지 등의 정신적인 차원까지 포함할 수 있습니다. 이러한 세 요소의 교집합에 따르면, '폭력은 존재에 강제로 피해를 일으키는 것'으로 정리할 수 있을 것입니다.

현대 사회에서 나타나는 폭력의 다양한 방식

앞에서 포착한 폭력의 의미를 가지고 이제 일상의 폭력을 더 자세히 살펴보도록 합시다. 이를 위해 먼저 현대 사회에서 폭력의 방식이 어떻게 확장되고 있는지를 살펴볼 필요가 있습니다. 폭력의 다양한 방식이 일상의 폭력에 고스란히 투영되고 있기 때문입니다. 과거에는 폭력이 대부분 '가시적'이었습니다. 과거의 폭력은 '전쟁'이나 '폭행' 현상에서 볼 수 있는 것처럼 대부분 물리적 충돌로서 밖으로 드러나기에 관찰 가능하고, 외부에서 행해지는 것들이었습니다. 그런데 최근 들어서는 이것들뿐만 아니라 정신적, 내부적, 미시적인 '비가시적' 방식들이 가미되었습니다. '따돌림' 현상에서 볼 수 있는 것처럼, 신체적인 피해는 없지만, 정신적으로 내면을 피폐하게 만들고 작은 언어를 통해서 이루어져 포착하기도 쉽지 않습니다. 독일의 의사 출신 베스트셀러 작가인 바르텐스(Werner Bartens)는 자신의 저서 『감정 폭력』(2019)에서 이런 정신적인 폭력에 대해 '감정 폭력'(Emotionale Gewalt)이라고 명명하면서 '세상에서 가장 과소평가되는 폭력'이라고 말합니다. 이런 폭력은 너무도 비가시적이어서 자신이 폭력의 피해를 당한 것인지 아니면 자신의 의지박약으로 생겨난 자신의 문제인지 혼란스러울 때도 있습니다. 이처럼 새로운 폭력의 방식이 등장했다고 해서 과거의 방식이 현재에는 사라졌다는 의미는 아닙니다. 현재에는 과거의 폭력 방식뿐만 아니라, 새로운 폭력 방식도 추가되어 더욱 많은 폭력의 방식들이 나타나고 있다고 보는 것이 적절할 것입니다.

현대 사회에서 나타나는 폭력이 이처럼 비가시적이다 보니 가해자와 피해자를 구분하기도 쉽지 않을 때가 많습니다. 과거의 폭력 방식은 가해자와 피해자가 분명하게 구분되었는데, 최근의 폭력 현상에서는 가해자와 피해자가 뒤섞여 있는 경우가 많습니다. 폭력이 개별적인 행위자를 통해서보다는 아렌트가 말했던 것처럼 폭력이 폭력을 낳는 폭력 재생산 구조와 관련되어 있기 때문입니다. 예를 들어, 학교 폭력에서 오랫동안 폭력을 당하던 피해자가 더 이상 참을 수 없어서 폭력에 저항하고자 대항하다가 가해자가 되기도 합니다. 2022년부터 2023년까지 넷플릭스에서 방송된 드라마 <더 글로리>는 학교 폭력의 피해자가 성인이 되어 가해자를 응징하는 이야기를 담고 있습니다. 드라마는 한국 사회의 학교 폭력을 고발하면서 흥행했지만, 주목받지 못했던 폭력의 방관자나 복수 과정에 나타난 또 다른 폭력의 피해들은 가해자와 피해자의 혼재를 보여줍니다.

더욱이 현대 사회에서는 폭력을 당하고 있는데 가해자가 보이지 않을 수 있습니다. 빈곤이나 실업, 노동 현장에서의 피해 등이 발생하고 있는데, 다시 말해 자신은 뭔가 피해를 보고 있는데 이것이 강제인지 분명치 않아서 폭력인지 잘 파악이 되지 않는 경우들도 많습니다. 과거의 폭력은 대체로 외부로부터 박탈을 당하든지 거부를 당한다든지 방해를 당한다든지 금지를 당하는 등의 '부정성'의 방식으로 나타났다면 최근에 일부 폭력 일상의 폭력의 방식은 과잉이라든지 소진이라든지 등의 '긍정성'의 방식으로 나타납니다. 예를 들면, 요즘 '과로 사회'니 '피로 사회'니 등으로 부를 때 그 과로와 피로는 금지당하기보다는 더 열심히, 더 많이 해서 일어나는 일입니다. 더욱이 이런 폭력 방식은 외부로부터라기보다는 내부로부터 '스스로' 자신에게 부여하는 것이기에 '강제'도 아니어서 폭력으로 볼 수 없다는 주장에 직면하기도 합니다. 한병철은 『피로사회』(2012)에서 우울증, 주의력결핍과잉행동장애, 소진증후군과 같은 신경성 질환을 긍정성 과잉에서 비롯된 폭력의 결과라고 분석합니다.

폭력의 방식이 보이지 않고 가해자와 피해자가 혼재되어 불분명할 뿐만 아니라, 피해가 정신적인 차원이어서 강제로 부여된 것인지 아닌지가 혼란스럽지만 한번 진지하게 생각해 보면 좋겠습니다. 직장에서 과로하고 소진하는 직장인이 정말 '강제' 없이 '스스로' 그렇게 한 것일까요? 직장의 성과 체계에서 승진하고 월급을 받고 수당을 더 받아야 하기에 자신에게 '피해'가 오는 것도 외면하면서 그렇게 할 수밖에 없던 것은 아닐까요? 폭력이 무한경쟁을 촉구하는 신자유주의 자본주의 구조를 통해 가해졌다고 보는 것이 합리적인 판단이지 않을까요? 다음에 살펴볼 '구조적 폭력' 논의에서 이러한 물음들에 답을 모색해 보고자 합니다.

일상의 폭력과 구조적 폭력

현대 사회의 폭력, 특히 일상의 폭력은 이처럼 비가시적이고 가해자 피해자가 모호해지고 긍정성이라는 새로운 방식이 가미되어 있습니다. 한국 사회에서 만연한 일상의 폭력은 이처럼 다양한 방식이 혼재하고 간접적일 뿐만 아니라 내면에 영향을 미치고 있어서, 이것이 폭력인지 아닌지도 혼란스럽습니다. 더욱이 일상의 폭력은 삶의 전반에 광범위하게 확장되고 있습니다. 왜 이렇게 일상의 폭력이 광범위하게 확장되면서도 잘 포착되지 않아 효과적인 대응이 어려운 것일까요? 여기에 주목해 볼 부분이 사회 제도와 구조입니다. 우리의 일상이 폭력 재생산 구조에 영향을 받는 것입니다. 현대 자본주의 사회 구조가 폭력을 확산하고 증폭하는 데 기여하고 있다는 말입니다. 한국 사회의 직장에서 갈등이 심화되고 언어폭력이나 감정 폭력 등이 난무하게 된 것은 효율성을 중시하는 자본주의 구조에 영향을 받는 것입니다. 예를 들어, 어떤 직장에서 작업량이 5명이 일하기에 적절한데, 자본주의 논리에 따라 비용 절감을 위해 2명을 줄이면 나머지 3명은 분주하고 여유가 없어집니다. 그러다 보면 일하는 3명 사이의 마찰과 갈등이 더 빈번해지고 커지게 됩니다. 심지어 노동법이 보장하는 연차나 휴가를 누군가 사용하면 나머지 사람들의 일이 더 늘어나게 되니 이를 사용하려는 사람에 대한 부정적인 감정이 축적되게 되고 이러한 감정이 일상의 폭력으로 표출되는 것입니다. 표면상으로는 직장인들 사이의 갈등이지만 실제로는 구조가 초래한 것입니다.

일상의 폭력은 거시적인 관점에서 다시 볼 필요가 있습니다. 타인에 대한 폭력인 학교 폭력과 가정 폭력 등이 증가하고, 자신에 대한 폭력인 자살이 증가하는 한국 사회의 일상 폭력이 경쟁과 각자도생의 현실, 이런 삶의 방식을 조장하는 사회 구조와 어떻게 관계되는지를 면밀히 검토할 필요가 있습니다. 현대 사회는 신자유주의 자본주의가 만연하여 치열한 경쟁의 약육강식(弱肉強食) 사회입니다. 2021년 9월에 넷플릭스를 통해 개봉된 드라마 <오징어 게임>이 이러한 한국 사회의 현실을 잘 보여줍니다. 드라마에서 첫 게임인 '무궁화 꽃이 피었습니다'를 하고 나서, 이 게임이 죽음을 담보한 경쟁이라는 현실을 깨닫고 게임을 중단하기로 하고 나갔던 사람들 가운데 90% 이상이 다시 게임을 하러 돌아와서 하는 말은 의미심장합니다. 이곳이 지옥 같아서 나갔는데, 나가보니 바깥세상도 지옥이어서 일확천금의 기회라도 있는 이곳에 돌아왔다는 그들의 말은 드라마 밖의 현실인 한국 사회의 무한 경쟁을 보여주는 것 같아서 씁쓸합니다. 이런 사회 구조에서는 <오징어 게임>에서처럼 서로에 대한 폭력이 난무할 수밖에 없습니다. 자신들이 발 디디고 서 있는 땅은 더 이상 서로 의지하는 사회가 아니라 수단과 방법을 가리지 않고 각자도생(各自圖生)해야만 하는 약육강식의 사회이기 때문입니다. 신자유주의 자본주의, 과도한 경쟁 아래의 실력주의(meritocracy) 등이 한국 사회의 분위기입니다. 이런 분위기 아래 경제적 불평등이 심화되어 상대적 박탈감, 성과 지상주의로 인한 과로와 소진(burnout), 우울증 등의 정신질환에서 볼 수 있는 자기 파괴가 일어나는 것입니다. 최근 들어서 정신질환 환자가 증가하고 있고, 특히 10대와 20대에서 우울증 환자가 증가하고 자살 인구가 폭증하는 현상은 주목해 볼 필요가 있습니다. 함께 성장하면서 우정을 나눠야 할 학창 시절에 대학입시로 인한 스트레스와 내신 경쟁으로 인한 갈등이 심화되고 있으니 10대들이 겪는 심신의 고통이 이만저만이 아닙니다. 대학에 가면 이런 고통이 끝나나요? 이전에는 고등학교 때까지만 공부를 열심히 하고 대학에 가서는 공부하지 않고 놀기만 한다고 대학생들을 놀렸는데, 지금의 대학생들은 입학과 동시에 취업을 위해 이런저런 스펙을 쌓고 학점에 목매고 살면서 고등학교의 연장 생활을 하고 있습니다. 이러한 구조 속에서 스트레스와 부정적 감정이 축적되면서, 시기심과 분노로 인한 타자에 대한 폭력도 증가하고 있습니다.

 평화 연구자인 갈퉁은 현대 사회의 이런 폭력을 '구조적 폭력'(structural violence)이라고 부릅니다. 구조적 폭력 논의에 따르면, 사회 구조와 제도가 폭력을 양산하고 확장합니다. 이런 관점에서 보면, 구조적 폭력으로 인해 일상의 폭력이 한국 사회에 만연하다고 볼 수 있습니다. 구조적 폭력의 특징 중 하나는 사람들의 시선으로부터 구조의 문제를 가린다는 점입니다. 구조적 폭력에서 사람들의 시선은 폭력의 가해자와 피해자에게 집중되다 보니 사실은 여기서의 가해자 또한 구조로 인한 피해자라는 사실이 외면됩니다. 가장 근본적인 가해자는 사회 구조이고 이런 구조를 만들어서 이익을 추구하는 사람들인데, 일상의 폭력에서 이런 구조는 보이지 않습니다. 예를 들어, 최근 층간 소음으로 아파트 입주민들 사이의 폭력 문제가 감정 폭력이나 언어폭력을 넘어 물리적 폭력까지 야기되곤 합니다. 표면상으로는 층간의 입주민들 사이의 문제로만 보이지만, 실상은 아파트 건축비 절감을 위해 층간 소음 방지를 방치한 건축을 했기 때문입니다. 비용 절감이라는 효율성 논리의 구조적 폭력이 층간 소음 갈등에서 보이지 않는 것입니다. 구조의 폭력으로 인해 부정적 감정이 축적되어 폭력이 발생한 것인데, 자신에게 또는 타인에게 이를 분출한 개인들만 가해자로, 그리고 피해자로 등장하는 것입니다. 그리고 피해자는 자신을 탓하고 책임을 자신만이 져야 한다고 여기게 되는 것입니다. 더욱이 신자유주의 자본주의는 이런 사회 구조와 제도로 인한 문제들에 대한 책임을 모두 개인에게 돌리는 논리를 강화하고 있습니다. 충분한 자유가 주어졌기에 발생하는 일이 개인의 책임이라는 논리입니다. 예를 들어, 열심히 노력했지만 취직을 못 하는 것이, 실제로는 채용 인원이 줄어들어 취업하기 어려워진 구조의 문제인데, 자신의 학점이 낮아서 그렇다, 자신이 덜 노력해서 그렇다, 자격증이나 스펙을 높여야 한다는 등으로 자기 책임으로만 돌리면서 자신을 학대하고 비난하는 것입니다. 이런 비난과 학대로 인해 자신에 대한 부정적 감정이 축적되고 자기 파괴로 나아가는 것입니다.

구조적 폭력에서 비롯된 일상의 폭력은 가장 약한 존재들에게 가중

된다는 특징이 있습니다. 가해자 또한 실제로는 구조적 폭력의 피해자이기 때문에 자신에게 축적된 부정적 감정들로 인해 그러한 파괴적 감정을 어딘가에 쏟을 수밖에 없습니다. 그 감정을 결국은 자신에게, 또는 자신보다 약한 존재자에게 쏟게 되는 것입니다. 예를 들어, 직장에서 구조적 폭력을 당한 피해자는 퇴근 후 가정에 돌아와서 그러한 부정적 감정을 가족 구성원에게 쏟으며 가해자가 되기도 합니다. 이런 이유로 구조적 폭력 아래서는 소수자에 대한 차별과 혐오의 폭력이 빈번하게 일어나는 것입니다. 폭력이 폭력을 낳는다는 아렌트의 말이 잘 적용되는 상황입니다. 폭력을 당한 피해자는 그 폭력의 피해로 인해 축적된 부정적 감정을 어딘가에 해소해야만 하니 가해자가 되는 것입니다. 이런 점에서 일상의 폭력은 여기저기 약자들에게 폭력을 전파하고 확산하게 되는 것입니다.

이상에서 살펴본 구조적 폭력 논의는 구조적 폭력이 일상의 폭력이 광범위하게 지속해서 퍼지는데 기여하고 있음을 보여줍니다. 그런데 이런 논의에서 주의할 것이 있습니다. 잘못 이해하면 구조적 폭력을 오해할 수 있기 때문입니다. 구조적 폭력 논의는 가해자인 개인에게 면책을 주는 논의가 아닙니다. 구조가 폭력을 양산하여 당신을 가해자로 만들었으니 당신은 책임이 없다고 인식하는 것은 구조적 폭력을 오해한 것입니다. 구조적 폭력 논의는 근본적인 폭력 문제를 해결하기 위한 접근이지 개인의 책임을 면하기 위한 논의가 아님을 명심해야 합니다. 동일한 구조적 폭력 아래에서도 자유로운 개인은 언제든지 가해자가 되지 않을 수 있습니다. 따라서 가해자에게는 도덕적 책임을 물을 수 있습니다. 또한, 구조적 폭력 아래에서는 폭력을 인지했더라도 자신에게 가해진 것이 아니기에 묵인하는 경우가 종종 발생하는데, 이러한 묵인은 이 구조를 더욱 공고하게 한다는 점에서 단순한 방관이 아닌 공범으로 볼 여지가 있습니다.

일상의 폭력과 감정

구조적 폭력이 일상의 폭력을 광범위하게, 그리고 지속해서 확산하게 할 수 있는 것은 일상의 폭력이 감정과 깊이 관련되기 때문입니다. 폭력이 가시적이든 비가시적이든 어떤 행위와 관련된다고 할 때, 행위를 일으키는 동기나 토대에는 감정이 자리 잡고 있기 때문입니다. 또한, 폭력의 결과인 피해도 선후 관계에서는 차이가 있을 수 있겠지만 감정에 영향을 미치기 때문입니다. 예를 들어, 폭력을 초래할 때는 분노와 열등감 등이 관련되고, 이에 따라 피해를 당했을 때는 자존감 상실이라든지 수치심 등이 나타납니다. 더욱이 부정적 감정은 우리 내면에 계속해서 축적되어 지속되는 힘을 가지고 있어서 일상의 폭력이 비가시적이고 미시적으로 퍼지는 데 기여합니다.

오랫동안 폭력성 같은 인간의 본성을 연구한 캐나다의 심리학자 핑커(Steven Pinker)는 『우리 본성의 선한 천사 - 인간은 폭력성과 어떻게 싸워 왔는가』(2011)에서 폭력의 다섯 가지의 뿌리를 포식성, 우세 충돌, 복수심, 가학성, 이념으로 분류합니다. 이런 다섯 가지의 뿌리들에는 그 안에 각각 이기성, 우월/열등감, 분노, 죄의식, 배타성이라는 감정이 토대가 되며, 우리가 일상에서 경험하는 폭력들과도 긴밀하게 연결되어 있음을 보여줍니다. 즉 일상의 폭력은 부정적인 감정들과 깊이 관련이 되어 있으므로 광범위하고 지속적일 수 있다는 것입니다. 근대 철학자인 스피노자(Baruch Spinoza)와 현대 철학자인 지젝(Slavoj Žižek)이 잘 지적했듯이, 감정은 그것이 긍정적이든 부정적이든 간에 인간에게 행위를 촉발하는 계기를 마련할 뿐만 아니라 모방하고 전이되어 파급하는 효과가 지대하기 때문입니다. 더욱이 일상의 폭력은 피해자들에게도 부정적 감정을 축적하며, 이런 축적은 계속 영향력이 커지면서 처음에 폭력을 행했던 가해자의 존재마저 흐릿하게 하면서 거대해집니다. 이러한 부정적 감정의 축적은 다시 피해자 자신이 타자에 대한 가해자로 전환되게 하는 것입니다. 부정적 감정의 축적은 결국 폭력을 초래하기 때문입니다.

일상의 폭력에 감정, 특히 부정적 감정이 깊이 연관된다는 것을 인지하고 나면, 사람들은 쉽게 그러한 부정적 감정을 제거하거나 억제하면 폭력을 해소할 수 있다는 성급한 결론을 내리곤 합니다. 그런데 감정 논의는 세밀한 주의가 필요합니다. 특정한 감정 하나를 꼭 집어서 제거하거나 억제할 수 없을 뿐만 아니라, 감정은 서로 연결되어 있어서 잘못 건드렸다가는 긍정적 감정까지 훼손할 수 있기 때문입니다. 예를 들어 보면, 일상의 폭력에 자리 잡은 부정적 감정인 '분노'(anger)는 사회 정의의 동력인 긍정적 감정인 '의분'(resent)과 연결된 감정입니다. 따라서 분노를 제거하거나 억제하려는 시도는 잘못하면 의분에도 심각한 손상을 입힐 수 있습니다. 그러므로 일상의 폭력에 자리 잡은 부정적 감정은 제거하거나 억제하는 것은 불가능하지만, 대신 이를 잘 조절하는 것이 필요합니다. 서양 윤리학사(史)에서 최초의 저술로 평가되는 『니코마코스 윤리학』에서 아리스토텔레스는 성격적 탁월성인 중용은 최적의 감정 상태여서 과도하거나 미흡하면 모두 악덕이라고 말하면서, 오랜 연습과 실천을 통해 최적의 감정인 중용에 도달하는 것이 중요하다고 강조합니다. 그런데 이러한 조절이 쉽지 않습니다. 따라서 아리스토텔레스가 말한 것처럼, 개인들은 오랜 시간 동안 지속해서 훈련과 연습을 통해 감정을 조절해서 성격적 탁월성, 즉 다른 사회 구성원들에게 바람직한 영향력을 행사하는 감정적 태도와 자세를 갖추도록 노력해야만 합니다.

흄(David Hume)과 같은 도덕감 철학자들이 강조했던 것처럼, 우리 안에 자리 잡은 바람직한 감정을 강화하면 부정적인 감정의 영향력이 약화될 수 있습니다. 도덕감 이론가들은 인간 안에는 상호 영향을 미치고 관련된 다양한 감정들이 있다고 합니다. 어떤 것들은 사회에 부정적이고 어떤 것들은 사회에 긍정적인데, 이들 가운데 어떤 감정을 꼭 짚어서 제거하는 것은 어렵고 오히려 긍정적인 감정을 강화하여 이에 상응하는 부정적인 감정을 억제할 필요가 있다고 분석합니다. 예를 들어서, 현대 정치철학자인 롤즈(John Rawls)는 『정의론』에서 사회를 파괴하는 대표적인 부정적 감정인 '시기심'(envy)에 주목합니다. 시기심은 어떤 결정이 설령 나에게 손해가 되더라도 다른 사회 구성원에게 피해를 줄 수 있다면 자신의 손해를 무릅쓰고라도 그 결정을 하겠다는, 비합리적이지만 일상에서 종종 발견되는 감정입니다. 롤즈는 시기심이 반(反)사회적인데, 이것은 다른 긍정적 감정인 '자존감'(self-respect)이 길러지면 억제된다고 말합니다. 자존감을 잘 형성한 사람은 다른 사회 구성원의 번영을 파괴하려는 시기심을 갖지 않지만, 그렇지 못한 사람은 자신이 갖지 못하더라도 그의 번영을 파괴하려고 하기 때문입니다. 롤즈는 자존감을 길러 시기심을 억제하기 위해서는 사회 구조를 개혁하는 것이 중요하다고 말합니다. 시기심이 발현되기 쉬운 사회는 불평등이 만연한 사회이기 때문입니다.

롤즈의 논의에서 잘 볼 수 있는 것처럼, 일상의 폭력을 야기하는 부정적 감정을 억제하기 위해서는 감정 그 자체를 제거하거나 억제하는 방식은 가능하지도 않고 바람직하지도 않습니다. 오히려 롤즈가 그랬던 것처럼, 우회적인 방법을 통해 부정적 감정을 억제할 필요가 있습니다. 즉, 이를 억제하는 긍정적 감정을 자신에게 기르고, 이를 가능하게 하는 사회 구조를 개혁하는 것입니다. 이와 동시에, 또는 제도 차원 이후에 개인적 차원의 덕성 함양과 같은 논의로 가야 합니다. 롤즈는 제도 중심의 정의론을 제시한 학자로 유명합니다. 그러나 롤즈 또한 제도 차원의 논의인 '공정으로서의 정의'(justice as fairness) 다음에는 개인 차원의 논의인 '공정으로서의 옳음'(rightness as fairness)으로 나아가야 한다고 말합니다. 물론 그의 저서 『정의론』(1971)은 전자에 초점을 둔 논의이지만 말입니다. 논의의 핵심은 개인의 덕성을 함양하는 것과 사회 제도의 협업이 중요하다는 점입니다.

일상의 폭력에 대응하는 방안인 4S 실천 전략 1: '외치기'(Shouting)

어떻게 하면 한국 사회에 만연한 일상의 폭력을 근절하거나 완화할 수 있을까요? 두 방향의 노력이 필요해 보입니다. 하나는 일상의 폭력 자체에 대응하기보다는 일상의 폭력을 고착화하고 양산해 내는 구조를 변화하려는 우회적 전략입니다. 다른 하나는 일상의 폭력의 토대인 감정을 조정하는 직접적 전략입니다. 우회적 전략과 직접적 전략이 모두 필요하지만, 직접적 전략이 더 효과적으로 되기 위해서는 우회적 전략으로부터 시작할 필요가 있습니다. 이 글에서 저는 이런 내용을 담은 '4S' 실천 전략을 제안하려고 합니다. 4S는 제안하려는 방안들 각각의 영어 첫 글자를 딴 것으로, 첫째는 '외치기'(Shouting), 둘째는 '바꾸기'(Switching), 셋째는 '보여주기'(Showing), 넷째는 '자기 존중하기'(Self-Respecting)입니다.

첫 번째 대응 방안은 가장 기초적인 것으로, 일상의 폭력을 포착한 사람이 이를 다른 사회 구성원들이 알도록 '외치기'(Shouting)입니다. 일상의 폭력은 가정, 학교, 직장, 교회 등의 다양한 일상 영역에서 일어납니다. 또한, 앞에서 본 것처럼 물리적 폭력뿐만 아니라 언어폭력이나 감정 폭력처럼 잘 보이지 않는 은밀한 방식으로 일어나기도 합니다. 그래서 일반인들이 이를 인지하기가 쉽지 않습니다. 그러나 우리 사회에는 폭력에 대한 감수성이 높은 사람들도 있습니다. 예를 들어, 종교적 이유나 다른 신념으로 인해 평화주의자가 된 사람들이 그러한 사람들입니다. 또한 '원수를 사랑하라'라거나 '오른뺨을 치거든 왼뺨을 돌려대라'라는 등의 예수님이 가르치신 산상수훈을 실천하려는 기독교인들이, 평화를 사랑하고 폭력을 비폭력으로 대항해야 하는 사람들입니다. '돈'을 신봉하는 물질만능주의의 신자유주의적 자본주의 제도와 구조를 거부하고 '돈'이 아닌 '하나님'을 주인으로 모시려는 기독교인들이 구조적 폭력에 민감할 수 있고 그래야 하는 사람들입니다. 이러한 사람들을 중심으로 일상의 폭력을 드러내려는 방안이 '외치기'입니다. 인지한 사람은 비록 자신이 피해자가 아니라고 하더라도 이를 드러내야 합니다. 구조적 폭력 논의에서 언급한 것처럼, 구조 속의 방관자도 공모자입니다. 방관할 때 피해자는 자신이 폭력을 당하고 이에 의해 부정적 감정이 축적되고 있다는 것을 인지하지도 못하면서 고통받게 됩니다. 따라서 폭력을 인지한 사람은 누구든지 이를 드러내도록 외쳐야 합니다. 그래야 일상의 폭력을 해소할 계기가 마련됩니다.

일상의 폭력에 대응하는 방안인 4S 실천 전략 2: '바꾸기'(Switching)

일상의 폭력에 대한 두 번째 대응 방안은 '바꾸기'(Switching)입니다. 첫 번째 대응 방안에서 일상의 폭력을 포착하여 이를 드러낸 '외치기' 계기는 구조나 제도를 바꾸는 방향으로 나아가게 해야 합니다. 일상의 폭력은 구조와 밀접하게 관계되어 있으므로 정의로운 제도로 바뀌어야 폭력 없는 세상을 만들 수 있습니다. 예를 들어 보면, 대표적인 일상의 폭력 사례인 학교 폭력을 근절하기 위해 개별 사례의 가해자를 처벌하는 것만으로는 충분하지 않습니다. 학교 폭력이 발생하게 된 배경인 사회 구조에 주목할 필요가 있습니다. 앞에서도 말했지만, 한국 사회에서 학교는 동년배들과 우정을 나누고 친구를 사귀는 공간이 아닌 입시 경쟁 공간이 되어 있습니다. 그런 공간에서 동년배들은 자신의 경쟁 상대이고 자신이 극복해야 할 대결의 상대가 되고 있는데, 이러한 환경에서 학생들은 엄청난 부정적 감정들을 축적하게 됩니다. 자기보다 높은 성적을 받은 동년배에 대한 부러움은 어느 순간에 부정적 감정인 시기심이 되고, 이러한 시기심은 그 동년배 때문에 내 인생이 망했다는 적대감과 증오감으로 전이되어 쌓이게 됩니다. 그 동년배가 죽어 없으면 좋겠다는 파괴적인 감정으로까지 치닫게 되는 것입니다.

학교가 왜 이런 공간이 되었을까요? 요즘 아이들이 나쁜 아이들이어서 그런가요? 이들에게 좋은 대학을 입학하는 것이 인생에서 가장 중요하고 절대적인 가치가 되어버렸습니다. 물론 과거에도 좋은 대학에 입학하는 것이 학생들에게 중요한 가치이긴 했습니다. 그런데 그때는 같은 학교의 구성원들 사이에서의 비교와 차이보다는 전국적인 단위의 경쟁이 더 근본적이었기에 적어도 학교 공간에서는 지금과 같은 파괴적인 경쟁으로 치닫지는 않았습니다. 또한, 그때도 입시가 중요하긴 했지만, 입시 이외에도 다른 가능성에 대해 막연한 희망이 있었기에 입시에만 목을 매지는 않았습니다. 그렇다면 지금은 왜 다른 가능성에 대한 기대감이 없고 입시에만 몰두하는 것일까요? 학교 밖으로 눈을 돌려서 봐야 합니다.

현대 자본주의 사회는 모든 가치를 경제적 가치로 환원하는 물질만능주의 사회입니다. 직업에 대한 평가는 그 직업이 얼마의 보수를 받는가가 절대적인 기준입니다. 그런데 현대 한국 사회에서는 자동화의 확산과 인구 감소로 인해 양질의 일자리가 줄어들고 있습니다. 아파트 값이 폭등하여 주거비가 많이 필요하고, SNS로 인해 서로를 비교하는 분위기에서 어느 정도 삶의 질을 유지하려면 적지 않은 비용이 필요한데, 이를 충족시켜줄 만한 보수를 주는 일자리가 줄어들고 있는 것입니다. 그러니 이런 일자리를 얻기 위해서는 좋은 대학에 들어가서 보수 많이 주는 회사에 입사해야 합니다. 그러니 이를 준비하는 학교는 더 이상 웃음과 우정이 넘치는 '낭만의 공간'이 아니라 살아남기 위해 싸워야 하는 '정글'이 되는 것입니다. 학교 폭력을 근절하기 위해서는 거시적인 관점에서 경쟁 구조를 약화할 수 있는 사회 구조로 바꾸어야 합니다. 양질의 일자리가 충분히 있고, 주거비 부담이 적으며, 다양한 가치들이 공존하는 사회로 바꾸어야 합니다. 직장에 대한 경쟁 구도가 약화되면 학교에서 과도한 입시 경쟁이 약화될 수 있을 것입니다. 더 이상 입시가 인생을 결정하는 계기가 되지 않게 해야 합니다. 그러면 학교는 정글에서 우정과 연대가 넘치는 공간으로 바뀌고, 학교 폭력은 급감할 것입니다. 물론 이런 일들이 단박에 일어날 수는 없겠지만, 차근차근 장기적인 기획 아래 하나씩 제도 개혁을 해야 합니다.

일상의 폭력에 대응하는 방안인 4S 실천 전략 3: '보여주기'(Showing)

일상의 폭력에 대한 세 번째 대응 방안은 '보여주기'(Showing)입니다. 두 번째 대응 방안인 제도 개혁 '바꾸기'가 거시적이어서 비현실적으로 보이고 장기적으로 보여, 실천할 동기부여가 약할 수 있습니다. 제도 개혁이 필요하다는 것을 인정하더라도, 이것이 가능하겠냐는 합당한 의구심이 생길 수 있습니다. 이런 의구심을 해소하여 지속적인 '바꾸기'의 실천 동기를 강화하기 위한 것이 대안이 있음을, 제도 개혁이 가능함을 '보여주기' 방안입니다. 거시적인 사회 구조 개혁을 진행하기 위해서는 미시적인 작은 조직이나 사회에서 폭력을 근절하는 구조를 갖춰가는 모습을 보여줄 필요가 있습니다. 신자유주의 자본주의만이 유일한 현대 사회의 원리라는 고정관념을 깰 필요가 있는 것입니다. 비록 작은 사회일지라도 이러한 가치에 대항하는 사회, 대안이 되는 사회를 보여줘야 장기적이며 거시적인 사회 구조 개혁을 할 수 있을 것입니다.

세속적 가치보다 종교적 가치를 우선시하는 교회가 이런 보여주기의 사례가 되어야 한다고 생각합니다. 신자유주의 가치가 만연한 현대 사회에서는 어떤 사건, 예를 들면 폭력 사건이 발생하면 이것은 가해자 개인의 일탈일 뿐 그런 일이 발생한 사회나 조직과는 거리를 둡니다. 그런데 구조적 폭력 논의에서 본 것처럼, 개인의 책임으로만 귀속하는 것은 문제의 본질을 제대로 보지 못한 것일 뿐만 아니라, 사건의 근본적인 해결이 아니어서 차후의 유사 사건을 일으키기 쉽습니다. 이런 분위기를 막고 사회 구조 개혁으로 가기 위해서는 교회가 구조 개혁으로 사건을 해결했더니 더 효과적이었다는 것을 보여줄 필요가 있습니다. 구약 성경을 보면 사회에 어떤 일이 터졌을 때 공동체가 같이 모여 회개한다든지, 어떤 개인이 범한 잘못이지만 사안에 따라 이를 전체의 죄악으로 보고 같이 회개하는 방식으로 구조 개혁을 해나갑니다. 예를 들어, 교회에서 성폭력이나 언어폭력이 발생했을 때 이를 가해자만의 문제로 볼 것이 아니라, 교회 내에 이를 조장하는 문화나 제도가 없었는지 고민하고 회개하면서 고쳐나가야 합니다. 사회가 경제적 가치를 지상의 가치로 두고 경쟁으로 치닫고 있을 때, 이와 다른 가치를 추구하며 경제적 가치로 사람을 평가하고 대우하는 것이 아니라, 인간 자체로 존중하고 배려하는 조직의 모습을 보여줄 때, 사람들은 대안이 있음을 자각하고 '바꾸기'의 구조 개혁을 해나갈 수 있을 것입니다.

일상의 폭력에 대응하는 방안인 4S 실천 전략 4: '자기 존중하기'(Self-respecting)

일상의 폭력에 대한 네 번째 대응 방안은 '자기 존중하기'(self-respecting)입니다. 앞의 대응 방안들이 구조적 폭력과 관련해서 일상의 폭력을 일으키는 조건들에 대한 우회적 논의였다면, 마지막 논의는 보다 직접적으로 일상의 폭력을 대항하는 덕성(virtue) 논의입니다. 사회 구성원들의 자존감을 증진하자는 이야기입니다. 이것은 앞의 논의들이 가능하게 하는 조건이기도 하면서 이러한 조건으로부터 함양되어 더욱 강화되는 가치이기도 합니다. 높은 수준의 자존감을 함양하는 것은 오랜 시간의 숙달이 필요해서 쉽지는 않지만 중요하고 꼭 우리가 갖춰야 합니다. 롤즈는 자존감이 얼마나 중요한지를 『정의론』 67절에서 다음과 같이 말하고 있습니다. "자존감이 없다면 어떤 것도 할 만한 가치(worth)가 없으며, 우리에게 무엇이 가치(value) 있더라도 이를 추구할 의지를 상실한다. 모든 욕망과 활동은 공허하고 헛되며 우리는 무감각하고 냉소적인 상태에 빠지게 될 것이다. 따라서 원초적 입장의 당사자는 어떤 희생을 치르더라도 자존감을 침해하는 사회적 조건을 피하길 바라게 된다."

롤즈는 자존감에 두 측면이 있다고 분석합니다. 첫 번째 측면은 인정적 자존감으로 자기 자신의 가치에 대한 존중입니다. 이것은 칸트적 의미의 자존감으로 모든 인간이 목적적 존재로서 존중된다는 의미입니다. 두 번째 측면은 평가적 자존감으로 사회의 다른 구성원들의 인정과 관련됩니다. 자신이 속한 사회의 구성원들이 자신을 존중하고 인정해줘야 자존감이 형성된다는 의미입니다. 롤즈의 자존감 논의는 보통 심리학적 논의에서 자존감을 말할 때와는 조금 다른 독특한 측면이 있습니다. 심리학에서는 자존감을 보통 타자와의 관계에 초점을 두고 말합니다. 그래서 자신을 인정해 주는 사회의 중요성을 강조합니다.

비슷한 맥락에서 롤즈 또한 자존감의 두 번째 측면인 평가적 자존감을 언급하면서 자신을 인정해 주는 공동체가 최소 하나는 있어야 한다고 말하기도 합니다. 그런데 롤즈의 자존감 논의에서 제가 주목하는 부분은 첫 번째 측면입니다. 롤즈는 모든 인간이 인간이라는 점만으로, 즉 목적적 존재라는 점만으로 자존감을 가질 수 있다고 말합니다. 심리학에서도 자기 긍정을 통한 자존감을 말하기는 하지만, 이 의미는 여전히 자기를 인정해 주는 '타자'로서의 자신을 전제하여 타자 의존적인 성격을 갖고 있습니다. 그런데 이런 논의는 타자의 인정이 없다면 자존감이 형성되기 어렵다는 의미이기도 합니다. 현대 사회처럼 경쟁이 치열하고, 경제적 가치로 모든 것을 평가하고, 경제적으로 생산적이지 못한 위치에 있는 사람이 모든 일의 책임을 자신에게 돌리며 자책하게 하는 사회 분위기에서 과연 자존감을 가질 수 있을지 의구심이 생깁니다. 반면에 롤즈의 인정적 자존감 논의는 타자에 의존적이지 않습니다. 따라서 평가적 자존감이 박한 사회라고 하더라도 인정적 자존감을 통해서 평가적 자존감을 길러낼 수 있는 것입니다. 롤즈의 자존감 논의에서는 아무리 사회가 각자도생으로 치닫는다고 하더라도 자신이 가치 있는 목적적 존재라는 자각을 할 수만 있다면 자존감 형성이 가능해 보입니다. 기독교적 관점에서 이를 설명해 보면, 자신이 현재 어떤 위치에 있고 어떤 처지에 있든, 아무리 많은 죄를 저질러 사회로부터 외면받는다고 하더라도, 하나님의 형상을 닮은 존귀한 존재, 그래서 예수님께서 생명을 바쳐 사랑하신 존재가 자신이기에 존중받을 만하다고 말할 수 있는 것입니다.

덧붙여서, 평가적 자존감을 위해서 자신의 가치를 존중하고 인정하는 하나 이상의 공동체가 필요하다는 논의에서 가족 공동체를 생각해 볼 수 있습니다. 롤즈는 도덕 심리학 논의를 통해 사회의 구성원이 가족, 또래 집단, 사회 등의 공동체에서 성장하면서 자존감이 형성되고 함양됨을 보여주고 있습니다. 그러면서 가족이 이러한 자존감 형성의 초기 작업을 한다는 점도 강조하고 있습니다. 여기에서도 기독교적 논의가 연상됩니다. 하나님이 직접 만드신 최초의 공동체가 바로 가족이기 때문입니다. 성경은 가족을 구원의 공동체로 상정하며 부모는 자식을 사랑하고 자식은 부모를 공경해야 한다는 논의를 반복하고 말하고 있습니다. 이런 성경적 가족에서 자라난 아이는 자존감을 형성할 수 있을 것입니다. 물론 여기에서 가족을 꼭 생물학적 공동체로 볼 필요는 없습니다. 기능적 관점에서 친밀감을 가진 공동체를 생각해 볼 수 있으며, 이러한 관점은 교회의 역할을 다시금 생각하게 합니다. 오늘날 친밀감 넘치는 가정을 경험하기 어려운 아이들이 적지 않은데, 교회가 기능적 관점에서 이런 가족의 역할을 대신할 수도 있기 때문입니다. 설령 자기의 생물학적인 가족에게서는 계속 무시당하고 일상 폭력의 언어에 노출당하는 곳에 있더라도, 교회 공동체가 품어줄 수 있고 무언가 친밀감의 관계 아래 품어주고 인정해 줄 수 있다면 긍정적인 방식에서 자존감이 고양될 수 있겠다는 생각입니다. 이렇게 자존감이 고양될 때 시기심처럼 폭력을 일으키는 부정적 감정을 약화할 것입니다.

일상의 폭력 없는 평화의 일상을 꿈꾸며

우리가 살아가는 삶의 자리, 삶의 시간인 '일상'은 귀한 선물입니다. 한국의 철학자 강영안 교수는 『일상의 철학』(2018)에서 일상의 삶이 궁극적으로 지향하는 삶의 상태를 '평화'로 규정했습니다. 모든 사람이 자신에게 주어진 선물로서의 일상에서 소극적으로는 강제로 피해를 보는 폭력에서 벗어나는 것이고, 적극적으로는 일상에서 맘껏 행복을 누리는 것이 '평화'일 것입니다. 그런데 우리가 살아가는 한국 사회에서의 일상은 보이지 않는 미세한 폭력들로 인해 평화는커녕 파괴와 손상이 신체적, 정신적 차원에서 확장되고 있습니다. 구조적 폭력의 영향 아래 확산되는 일상의 폭력은 이것이 폭력인지도 알기 어렵고, 자신이 폭력을 겪고 있다는 것을 알아도 가해자를 찾을 수 없지만, 우리에게 부정적 감정들을 축적하고 자신이나 타자에게 폭력으로 표출됩니다. 이 글에서 이러한 일상의 폭력에 효과적으로 대응하기 위한 전략으로 폭력을 드러내는 '외치기'(Shouting), 구조와 제도를 개혁하여 '바꾸기'(Switching), 이러한 개혁이 가능하다는 대안을 '보여주기'(Showing)뿐만 아니라, 자신의 감정을 긍정적으로 강화하기 위해 '자기 존중하기'(Self-Respecting)의 4S 실천 전략을 제시하였습니다. 이러한 4S의 실천이 바로 일상의 폭력을 억제하고 근절하지는 못할 수 있습니다. 그만큼 일상의 폭력은 사회 제도와 구조에 깊이 뿌리내리고 있기 때문입니다. 그러나 우리가 일상의 회복을 위해 평화의 일상을 꿈꾸며 4S를 지속해서 꾸준히 실천해 나갈 때 일상의 폭력이 더 이상 힘을 발휘하지 못하고 평화의 일상이 실현될 것입니다.

왜곡된 도시의 일상과 평화의 에클레시아

김승환(장신대 기독교사상과문화 연구소 학술연구교수)

왜곡된 도시적 삶과 욕망의 일상

1) 일상의 왜곡과 돈의 도시

일상은 평범한 하루하루의 삶입니다. 창조 이후로부터 지금까지 인간의 일상은 먹고, 마시고, 일하고, 자는 삶의 반복으로 흘러왔습니다. 강영안 교수님은 『일상의 철학』에서 일상을 다음과 같이 정의합니다. "사람이면 누구도 벗어날 수 없고, 진행되는 일이 이 사람이나 저 사람이나 비슷하고, 반복되고, 특별히 드러난 것이 없으면서, 어느 하나도 남아 있지 않고 덧없이 지나가는 삶. 이것이 일상이요, 일상의 삶이다." 인간의 일상은 크게 바뀌지 않았습니다. 평범하고, 단순하며 모두에게 비슷하게 적용되는 기본적인 욕구를 충족하는 생(生)의 원리이기 때문입니다.

하지만 우리의 일상은 근대의 등장과 세속화 이후, 내용과 형식적인 면에서 큰 변화를 맞이합니다. 거대한 도시 문명이 탄생하면서 인간의 일상은 제도화되고 규칙화되었습니다. 세속화 이후 산업화로 생활양식이 바뀌고, 사람들의 노동 환경이 변화하면서 의식주 전반에 걸친 기계적인 혁명이 일어났습니다. 먹고, 마시고, 일하고 살아가는 형식이 점점 제도화되고 규격화되고 있습니다. 특히 근현대는 도시적 일상으로 바뀌고 있습니다. 근대적 일상은 계획되고 평가되며 효율성과 이익을 중심으로 새롭게 디자인되었습니다. 과거처럼 자연의 리듬을 타던 일상의 삶에서 도시적 리듬으로 삶의 주기가 변화되었고, 사람의 존재적 가치를 평가하는 기준 역시, 단위 시간당 얼마나 많은 생산성을 올릴 수 있는지로 평가합니다. 도시의 일상은 점점 자연스러운 생의 흐름을 벗어나 인위적이고 강제적으로 흘러갑니다.

마크 새비지와 알랜 워드는 『자본주의 도시와 근대성』에서 "근대성은 우리에게 진보와 환희, 꿈과 희망을, 그리고 그 이면에는 두려움과 우울함, 좌절을 전해주는 야누스적인 메시지를 담고 있다"고 말합니다. 세속의 도시는 새로운 세계를 열어줄 것 같은 유토피아를 꿈꾸게 하지만 도시의 현실은 정작 권력과 자본에 종속된 노예화된 삶으로 전락하고 있습니다. 더 많은 것을 소유하고 누리는 풍요로운 삶을 보장했지만, 도시의 시스템에 종속되어 살아가는 삶이 되었습니다. 앙리 르페브르는 이것을 '일상생활의 식민지화'라고 표현합니다. 도시적 일상은 자본과 기계적 시스템에 갇힌 현대인들을 마치 자신의 노예처럼 옭아매고 있는지 모릅니다. 반복되는 생명의 순환이자 생(生)의 수많은 연결로 이루어진 일상들은 그 본질과 형식을 잃어버린 채 왜곡되어 가고 있습니다.

자본에 물든 현대 도시의 일상에서 가장 큰 숙제는 '불평등'과 '불균형'입니다. 자본이 투자되는 정도에 따라 땅값이 결정될 뿐 아니라 그곳에 거주하는 이들의 신분과 가치에도 영향을 미칩니다. 자본에 의한 도시의 차별화는 한국 사회만 보더라도, 서울과 지방뿐 아니라, 서울 안에서도 강남과 강북으로 갈립니다. 이것은 단순히 돈의 문제가 아니라 삶 전체에 미치는 차별과 소외로 경험되고 있습니다. 도시 공간의 분리와 소외는 곧 인간의 정체성과 삶의 분리와 소외로 이어집니다. 자신의 소득, 재산, 노동력에 따라 자신을 판단할 뿐 아니라 타자와 사회를 해석하고 인식합니다. 따라서 도시의 일상은 모두에게 평범한 일상이 아니라, 누구에게는 값비싼 일상이 누구에게는 값싼 일상으로 펼쳐집니다. 누구는 지배적인 위치에서 누구는 종속적인 위치에서 삶을 살아가게 합니다.

오늘날 도시적 일상의 왜곡은 자본주의를 통하여 더욱 심화되고 있습니다. '돈'이 모든 것을 평가하고 결정합니다. '돈' 이외에 현대 사회에서 시민들의 삶을 평가할 다른 척도는 없습니다. 맘몬 사회에서 의미와 가치를 결정하는 것은 결국 돈입니다. 현대 사회는 돈이 흘러가는 곳에서 삶이 작동하며, 돈을 매개로 거래와 만남이 형성되기에 일상은 자본의 굴레에서 벗어나기가 쉽지 않습니다. 도시적 일상에는 언제나 돈이 중심에 있습니다.

게오르그 짐멜은 대도시화 과정에서 일상의 삶과 정서적 상태가 사회학적 또는 철학적으로 어떻게 변화되는지 19세기 베를린 시민들을 대상으로 연구했습니다. 그는 자연적 삶이 사라지고 인공화된 도시환경에서 인간은 '중성화'되고 '소비자'로서 전환된다고 비판합니다. 더 나아가 그는『돈의 철학』에서 자본이 갖는 사회적, 심리적, 철학적 차원을 분석했습니다. 그는 근대 사회의 형성과 운영의 핵심에 '인격화된 돈'이 있다고 주장합니다. 돈은 무가치한 중립적인 도구가 아니라 마치 살아 있는 존재처럼 우리 사이사이에서 깊숙이 작동합니다. 사실 우리가 하는 소비 행위는 물건으로 한정되지 않습니다. 우리는 상품을 소비하는 것이 아니라 사실 상품에 부여된 '사회적 기호와 상징'을 소비합니다. 무형의 가치인 사회적 상징을 돈으로 소유하려는 인간의 욕망은 종교(주술)적인 만족을 충족하려는 형식과 유사합니다. 어쩌면 신을 떠난 근현대의 합리적인 인간 사회가 구축한 도시 사회는 결국 종교의 패러디에 지나지 않습니다.

세속적 도시 일상은 종교가 가지고 있던 성스러움의 가치를 상실하였기에 또 다른 차원의 성스러움을 찾아다닙니다. 그것은 소수의 사람만이 소유할 수 있는 고가의 물건을 가치 있게 여기면서 '세속의 성스러움'을 생산해 냅니다. "나는 소비한다. 그러므로 존재한다"처럼 소비의 도시에서 인간은 무엇을 소비할 수 있는지, 또 소유할 수 있는지에 따라 자신의 가치가 결정됩니다. '세속의 성스러움'은 다수의 욕망과 시장의 매매를 통해 결정됩니다. 소수가 누리는 부의 삶을 동경하고 그런 사람들이 권위를 가지면서 사회를 이끌어갑니다. 결국, 돈이 지배하는 현대 사회에서 가장 가치 있는 것은 '값비싼 것'입니다. 우리는 일 년 치 연봉의 수십 배에 달하는 상품과 부동산을 소유함으로 자신의 지위와 가치를 확인합니다.

하비 콕스는 소비 자체를 하나의 주술적(종교적) 행위로 이해했습니다. 소비를 통한 쾌감은 일종의 종교가 제공하던 구원의 카타르시스이며 사회 집단이 부여한 최고의 가치를 획득하는 행위입니다. 종교가 세속화되면서 신께 드리는 헌금과 헌신을 상품으로 치환하여 소비라는 예배 행위를 통해 세속적 성스러움을 경험하는 중입니다. 사람들의 마음속에 있는 무한한 갈망(영적인 욕망)은 가장 새롭고, 가장 좋고, 가장 값비싼, 끊임없이 품질이 향상되는 상품으로 투사됩니다. 이러한 세속 도시에서 쇼핑몰은 소비자들이 모이는 대성당(신전)입니다. 영원(이터니티, Eternity)한 것은 캘빈 클라인(Calvin Klein)의 향수병에 담겨 있고, 무한한 것은(인피니티, Infinity) 일본의 자동차 이름이 되었습니다. 세속의 일상에서 사람의 마음은 더 이상 눈에 보이지 않는 초월적이고 인격이신 하나님을 향하는 것이 아니라 눈에 보이는 탐스럽고 먹기 좋은 그 무엇을 향하고 있습니다.

2) 인간의 도구화와 소외화

현대 도시의 일상은 빠르게 질주하는 고속 열차와 같습니다. 아침부터 저녁까지 현대인들은 그 열차에 자신의 몸을 맡기고 다람쥐 쳇바퀴 돌듯 일상을 살아갑니다. 현대 도시의 일상은 그 방향과 속도에 있어서 가히 상상을 초월합니다. 하루가 다르게 속도는 점점 가속화됩니다. '빠름'은 단순히 일상의 속도 문제가 아니라 거대한 도시라는 엔진을 움직이기 위한 필수 요소입니다. 자본화된 현대 도시에서는 '발전'과 '성장'이 최고의 목표이자 신성한 가치입니다. 더 많이, 더 높이, 그리고 더 빠르게 목표에 도달하는 것이 도시적인 삶의 방식입니다. 도시의 미덕은 더 많은 성취와 업적을 남기는 것입니다. 이 속도의 경쟁에서 낙오되는 이들은 탈락할 수밖에 없습니다. 도시는 이들에게 무슨 증후군, 무슨 부작용으로 열외자로 판명합니다.

왜 사람들은 이 속도의 경쟁에 스스로 뛰어들까요? 그것은 바로 세속의 욕망 때문입니다. 그레이엄 워드(Graham Ward)는 도시를 '욕망의 공동체'로 생각했습니다. 도시는 수많은 사람의 욕망이 모여서 만들어진 집단 공동체입니다. 성공과 쾌락, 권력과 자본을 향한 인간들의 욕망이 얽히고 섞여서 거대한 도시를 이룹니다. 도시의 질서와 시스템은 욕망에 의해 조절되고 더 많은 이들의 욕망을 충족시키기 위해 구축되어왔습니다. 현대 도시 안에서 욕망을 제어하는 일은 도시를 떠나기 전까지는 거의 불가능합니다. 도시를 움직이는 세속의 욕망은 거룩한 욕망이며 이것이 오늘날 도시 문명을 이룩해 왔습니다.

하비 콕스는 『세속 도시』에서 근현대 도시의 특징을 '무명성'과 '기동성'으로 정의했습니다. 수많은 군중 사이에서 인간은 이름으로 살아가지 않고, 무명 1, 무명 2로 살아갈 뿐입니다. 도시로 몰려든 수많은 대중의 등장은 인간의 정체성과 자아의 상실이라는 기현상을 가져왔습니다. '존재 없는 존재'로 살아가는 도시민들은 거대한 시스템의 한 부품과 같습니다. 자기로 살아가기를 거부하고 도시의 시스템에 맞추어 살아갑니다. 애쉬 아민(Ash Amin)과 나이젤 드리프트(Nigel Thrift)는 *Cities: Reimagining the Urban*에서 이러한 현대 도시의 기계화를 비판했습니다. 현대 문명을 이뤄온 기술과 기계가 인간의 외부에서 작동하는 것처럼 보이지만 사실은 인간 존재의 가장 깊숙한 곳에서 움직이고 있습니다. 하나의 생명 시스템처럼 현대 도시는 네트워크라는 혈관을 타고 흐르는 물자와 자본이라는 혈액을 공급하면서 스스로 움직입니다. 거대한 기계로서 도시는 인간 역시 한 부품과 구성물로 이해합니다. 필수적인 자원을 공급하고 생산하며, 연결시키는 도구적인 존재 말입니다. 이러한 기계 도시에서 인간 소외와 도구화는 근현대 도시가 안고 있는 심각한 질병이기도 합니다. 인격적 관계가 상실된 사회와 공동체는 생명 없는 끈의 연약한 사슬일 뿐입니다.

콕스는 인간이 살아가는 삶의 속도를 언급하면서, 가령 뗏목을 타고 강을 건너고, 말을 타고 멀리 있는 길을 여행했던 시간의 여정은 삶을 깊이 있게 때로는 여유롭게 인생을 살도록 이끌었지만, 자동차나 비행기와 같은 대중교통이 발달한 도시는 전국으로 뻗어 있는 고속도로에 연결되어 우리의 일상이 빠른 속도로 흘러가고 있음을 잘 보여준다고 말합니다. 콕스가 설명한 도시의 '기동성'은 도시의 빠른 성장만이 아니라 일상생활의 속도와 생각(성찰)의 방식에도 영향을 미칩니다. 천천히 흘러가는 것, 느리게 진행되는 것은 현대 사회에서 부정적인 것으로 인식됩니다. 남들보다 더딘 발전은 곧 죽음을 의미합니다. 경쟁과 성취의 사회에서 도시는 전 산업에서 질주해 나갈 뿐입니다.

속도의 경쟁을 펼치는 현대 도시는 개인성을 전제로 합니다. 운동회의 마지막 경기인 이어달리기처럼 서로에게 바통을 넘겨주는 협업보다는 먼저 빠르게 결승 지점을 통과해야 하는 무한한 개인들의 레이스입니다. 도시 네트워크 사회를 이루기 위해 각자는 자율성을 띤 존재로 살아갑니다. 사실 자유주의는 곧 개인주의입니다. 개인의 자유를 최대한 보장하고 행복을 추구할 수 있도록 권리를 부여하며, 그 누구도 넘볼 수 없는 절대적인 권리를 부여합니다. 하지만 이것은 곧 개인이 우상이 된 사회로 연결될 수 있습니다. 개인의 자아가 손상을 입을 때 파괴적인 본성이 나타납니다. 이기적인 사회는 집단 이기주의로 발전해서 타자와 타집단에 대해서 배제와 혐오를 일으킵니다. 개인의 이익을 우선하지만 정작 그 개인은 고립될 수밖에 없는 구조입니다. 개인 간의 고립과 단절은 타인을 얼굴로 대하지 않는 결과입니다. 타자를 상실한 도시 사회는 단절사회, 곧 죄악된 사회입니다. 바바라 브라운 테일러가 『잃어버린 언어를 찾아서』에서 말하듯, 죄가 하나님에게서 인간이 분리된 실존적 상태를 의미한다면, 죄들은 하나님에게서 분리된 상태를 지속시키는 인간의 의지라고 할 수 있습니다. 다시 말해 타자와 분리된 사회는 곧 죄로 물든 사회입니다. 타자는 타도해야 하는 경쟁 상대일 뿐입니다.

인간의 소외화는 개개인의 인간성에서 시작되지만, 또 다른 측면은 진정한 타자(이웃)를 얻지 못한 상태이기도 합니다. 죄들로 인해 분리된 도시는 상실의 공간이며, 탈인격화 또는 탈가치화된 장소입니다. 타자의 얼굴을 잃어버린 세속 도시는 곧 하나님의 형상으로서 인간을 왜곡하고 수단화하는 비인격화된 도시입니다. 결국, 도시 안에서 인간은 인간으로 존재하지 못하며 돈과 물질로 환원된 존재가 될 뿐입니다.

자본과 욕망으로 무너져가는 현대 도시의 일상에는 새로운 해석과 실천이 필요합니다. 세속적 일상 너머의 무엇을 지향하면서 거기서부터 이어지는 생의 원천과 힘으로 현실의 일상을 관통해 나아가야 합니다. 세속적 일상을 극복하는 여러 가지 방법이 있지만, 근원적 정통주의(Radical Orthodoxy) 신학은 세속화 이전의 기독교 전통을 주목합니다. 세속화된 사회는 인간을 우상화하였고, 그들만의 에덴 낙원을 형성해왔습니다. 국가라는 거대한 정치체 안에 다양한 기능을 세분화하면서 인간만의 왕국을 세웠습니다. 이런 일상에는 정치와 자본이 깊숙이 개입되어 있습니다. 인간의 욕망을 충족시키는 다양한 장치들이 작동합니다.

하지만 근원적 정통주의자들은 세속적인 도시의 회복을 위해 초월적이고 관계적인 기독교의 예전과 내러티브 안에서 세속적이지 않은 방식을 찾아갑니다. 도시의 일상을 회복할 수 있는 것은 비일상적인 것이 아닌, 일상을 넘어서는 초일상적인 무엇이어야 합니다. 일상의 순간과 사건에 온전한 의미를 부여하고 생명력 넘치는 힘을 불어넣을 수 있는 참된 일상이어야 합니다. 그것은 바로 일상을 창조하시고 다스리시는 하나님의 일상으로 가득 찬 '신적 충만'(divine fullness)한 일상입니다. 하나님의 일상의 원형을 현실에서 맛보고 그것을 누리며 살아가는 것만이 왜곡된 도시 일상을 치유하는 길입니다.

자본을 중심으로 하는 세속의 일상에서 초월성과 영성은 거룩한(충만한) 일상으로 전환하는 기둥입니다. 앤드류 루트(Andrew Roots)는 찰스 테일러의 진정성(Authenticity) 개념을 인용하면서 이것을 충만함(fullness)이라고 불렀습니다. 세속 사회는 자신만의 '내재적 틀'(immanent frame)을 완성하여 합리성의 원칙이 작동하도록 했습니다. 하지만 이 공간의 주인은 결국 이성으로 무장된 인간이 아니라 그 이성을 이끌고 가는 욕망에 충실한 인간들입니다. 세속의 일상은 자본의 욕망으로 왜곡되어 끊임없이 무엇인가를 갈구하고 갈망합니다. 그들이 채우고자 하는 충만함은 세속의 것들입니다. 무엇인가 끊임없이 소비하고 획득하려는 행위는 인간 근본에 있는 갈망의 욕구를 충족하기 위함입니다. 하지만 일상의 '충만함'은 세속의 가치로만 채워지는 것이 아니라 전인적이고 영적인 것을 모두 포함합니다. 인간과 인간 사이의 관계를 돈으로 연결시키는 것이 아니라 생명의 원천인 신적 충만함으로 세워갑니다. 타자를 존귀하게 대할 뿐 아니라 공동체적 존재로서 함께 살아갈 대상으로 여깁니다.

제임스 스미스는 *How to inhabit Time*에서 빠르게 흘러가는 현대의 일상은 더 많은 시간이 필요한 것이 아니라, 더욱 충만한 시간이 필요하다고 제안합니다. 더 많은 시간, 더 이른 시간 역시 인간의 욕망에 봉사할 때, 현대인의 일상은 욕망의 노예가 될 수밖에 없습니다. 하나님의 일상으로 가득 찬 충만한 시간은 세속의 욕망을 벗어난 신성한 경험으로 채워지는 시간입니다. 우리의 일상에는 충만한 시간뿐 아니라 충만한 공간도 필요합니다. 신성한 것을 향한 욕망으로 가득 찬 공간은 자신을 넘어서 타인과 함께 풍성한 삶으로 살아가게 합니다. 자아로만 가득 찬 공간이 아니라 타인과 나누는 충만한 생명력으로 이루어진 도시의 공간을 통해 인간의 도구화와 소외화를 극복할 방법이 필요할 것입니다.

일상의 탈세속화와 예전적 일상

도시 사상가인 루이스 멈포드는 현대 도시가 점점 기계적으로 변화된다면서 그 실체를 고발합니다. 기술과 함께 발전한 현대 도시 문명은 하나의 '거대한 기계'(megamachine)처럼 운영될 뿐 아니라 기계가 가져다준 신성한 신화 위에서 건설되고 있습니다. 멈포드는 『기계의 신화』 1, 2권에서 비인간적인 요소들로 구성된 '사회적 기계'(social machine)로서 도시를 설명하면서 강제적으로 사회를 통제한다고 비판합니다. 현대 사회에서 기술에 대한 믿음은 기술 자체에 대한 신뢰라기보다 종교를 대체한 하나의 종교적 이데올로기로서 추앙되고 있습니다. 현대 도시는 거대한 기계처럼 인간의 간섭 없이도 잘 짜인 시스템처럼 운영될 뿐 아니라 그런 방식이 옳다고 시민들에 의해 지지를 받고 있습니다.

일상의 기계화는 우리를 비인간적 삶으로 인도합니다. 우리는 세속의 일상에 작동하는 기계화된 생각과 욕망을 자각하지 못한 채 반복적으로 살아갑니다. 어쩌면 우리는 세속 도시의 한복판에서 시스템에 잘 길들여진 애완동물인지 모릅니다. 도시적 삶의 테두리를 벗어나지 못한 채 그 안을 맴돌다가 왜곡된 세상을 비판적으로 성찰할 능력을 잃어버렸습니다.

그렇다고 발전하는 도시의 변화와 속도를 거부하고 천천히, 느리게 중세 수도원적인 삶을 살아가는 것이 정답은 아닙니다. 과거의 전통 사회로 돌아가는 것이 유일한 해답은 아닙니다. 앤드류 루트는 *The Congregation in a Secular Age*에서 현대인들에게 필요한 것은 더 많은 시간이나, 더 천천히 흘러가는 시간이 아니라 바로 충만(fullness)한 시간이라고 제안합니다. 일상에서 감추어져 있는 신성함, '충만함'을 경험하는 것이 곧 세속 도시에서 해방과 구원을 경험하는 방법입니다. 일상의 '충만함'은 일상을 창조하신 하나님으로부터 다시 연결하는 작업입니다. 세속의 일상은 '나'를 중심으로 움직이지만 충만한 일상은 하나님을 향하여 '모두'와 함께 흘러갑니다. 이것은 개인주의적인 관점을 넘어서 초월적이고 신앙적인 차원으로 전환하는 것을 의미합니다.

우리에게는 일상을 하나의 예전적으로 해석하고 실천하는 방법의 전환이 필요합니다. 현대 사회의 종교는 성전이나 사원, 사찰 등으로만 한정되지 않습니다. 그레이스 데이비(Grace Davie)가 주장한 것처럼 '종교적이지 않지만, 영적인 것을 추구하는'(Not Religious, But Spiritual) 사회입니다. 제도적이고 교리적인 종교를 거부하지만, 영적이고 관계적인 종교성을 추구합니다. 오늘날 종교는 일상의 모든 영역으로 확장됩니다. 아침에 일어나서 잠자리에 들기까지 인간은 욕망의 도구로 살아가는 것이 아니라, 진정한 것을 경험하고 맛보면서 자신의 가치와 참된 의미를 경험하고 싶어 합니다. 이를 위해 필요한 시각이 후기-세속(post-secular)적인 관점입니다. 세속이 장악하고 있는 근현대적 삶을 거부하고, 종교적 영성과 초월성을 통한 일상의 해석과 실천을 할 수 있는 방식을 찾아야 합니다.

위르겐 하버마스는 현대 사회를 후기 세속 사회로 규정하면서 종교의 역할을 부탁합니다. 20세기 후반부터 등장한, 후기 세속 사회는 제도화된 종교의 역할보다는 영적이고 초월적인 것에 관심을 두는 최근의 종교적 부흥 현상을 반영합니다. 세속 사회가 잃어버린 무엇인가 진정한(authenticity) 것을 향한 관심과 영적인 충만함을 향한 관심입니다. 후기 세속 사회에서 종교는 하나의 해석학적 통찰을 제공합니다. 일상을 세속적 관점이 아니라 탈세속적 관점으로 접근하면서, 현대 사회가 안고 있는 자본과 권력의 종교성을 비판하고 종교의 건강한 참여를 기대합니다.

근현대의 세속 사회는 종교 공동체와 전통이 간직해온 거룩한 시간성을 상실한 채 영적인 개인주의에 함몰되면서 개인의 내면을 강화하는 쪽으로 발전해 왔습니다. 하지만 진정성을 추구하는 탈세속 시대의 영성은 개인의 한계를 넘어서서 통전적인 사회성을 포함하는 초월성을 향해 나아갑니다. 이기적 자아들로 가득 찬 세상이 아니라, 이웃과 공동체가 함께 거룩한 시공간을 누리며 살아가는 것이 필요합니다. 배제와 경계로 타자를 향해 닫혀 있는 도시는 개인적이고 형이상학적인 인식론이 지배하지만, 자아를 넘어서는 탈세속의 열린 도시는 공동체적이고, 사회적이며, 충만한 영적인 것들을 추구합니다.

특히 속도의 경쟁으로 질주하며 앞만 바라보는 사회에서 종교(교회)는 속도를 늦추거나 방향을 전환하는 전략적인 접근을 시도해야 합니다. 무엇을 향해 달려야 하는지, 또 왜 달려야 하는지, 어떻게 그리고 언제까지 달려야 하는지 근본적인 질문을 던져야 합니다. 자동차가 질주할 때는 상당량의 에너지를 단번에 휘발시키며 질주합니다. 굉음을 발휘하며 고속도로를 달리는 자동차는 다른 차들을 위협합니다. 에너지의 효율성을 고려하기보다는 어떻게든 남보다 빨리 목표지점에 도달할 수 있는지가 중요하기에 전속력을 발휘합니다. 일상의 가속화도 이와 같습니다. 차이가 있다면 휘발유가 아니라 인간의 에너지를 원료로 삼는다는 것입니다. 세속 도시는 모든 것이 소진될 때까지 질주할 뿐입니다. 모두 탈진할 때까지 달릴 뿐입니다.

도시의 일상은 자신만을 위한 경주를 펼치는 무대가 아닙니다. 함께 살아가는 동료들과 무수한 관계로 얽혀 있는 피조물들의 상호 관계성을 인식할 필요가 있습니다. 왜곡된 도시의 일상이 인간의 도구화와 기계화로 소외와 탈진을 일으킨다면 생명의 충만한 일들이 일어날 수 있는 일상으로의 전환이 필요합니다. 우리가 충만한 일상을 추구하고 그곳에 머무는 것이 시간 낭비가 아니라, 세속의 시공간에 창조적 해석과 사유의 틈을 내는 작업입니다.

현대인들의 일상은 빈곤한 시공간의 성찰로 가득합니다. 시대의 변화를 좇아가려고 발버둥 칠 때 정작 자신이 어느 때(kairos)에 서 있는지, 또 누구 앞에, 아니 누구와 함께 서 있는지, 또 우리의 일상이 무엇을 향하는지, 어떤 가치와 질서에 순응하고 있는지 인식할 수 없게 됩니다. 세속의 무서운 질주는 수많은 낙오자와 실패자를 만들어 갈 뿐입니다. 왜곡된 도시의 자화상을 바라보기보다 그곳에 정착하지 못하는 자신의 실패를 자책하게 합니다. 현실에 관한 정확한 인식은 그곳에서 한참이나 거리를 떨어뜨려 놓을 때 가능합니다. 비현실, 아니 탈현실적인 관점으로 도시의 일상을 관찰할 때 그들의 왜곡과 결점을 이해할 수 있습니다.

그렇다고 해서 우리가 일상을 떠나 탈일상을 살아야 하는 것은 아닙니다. 일상 안에서 탈일상적인 것, 즉 성스러움과 거룩함을 충만히 경험할 수 있는 시공간이 필요합니다. 마치 예수님의 일상과 비슷합니다. 충만한 일상, 곧 하나님의 충만하게 하심을 고백하고 인정하는 예전적 일상은 현실을 잃어버린 초월적 삶, 즉 탈육화된(excarnation) 삶이 아닙니다. 오히려 성경의 이야기와 같이 역사의 한복판에 찾아온 하나님의 성육신적 시공간성을 새롭게 인식하는 삶을 의미합니다. 동시에 종말에 완성될 하나님 나라의 일상을 희망하며 살아가는 삶입니다. 이 과정에서 기독교의 예배(예전)는 다른 두 일상을 연결하는 작은 문과 같습니다. 하나님 앞으로 나아갈 때, 우리는 장소적으로 이동하는 동시에 크로노스에서 카이로스로, 즉 일시적 시간에서 영원한 시간으로 옮겨가게 됩니다. 하지만 이러한 일상의 시공간적 이동은 종교적인 건물에서 일어나는 것이 아니라, 일상의 예배(예전)을 통해 더욱 경험되어야 합니다. 일상의 예전은 세속의 공간적 탈출 없이 세속의 한복판에서 초월로 연결되는 신비입니다. 예전을 통해 맛보는 거룩한 일상은 끊임없는 우리를 왜곡하는 도시의 욕망에서 벗어나 하나님 앞에서, 하나님과 함께, 하나님을 통한 자아의 진정성을 바라보게 합니다.

던칸 포레스터는 *Truthful Action*에서 기독교의 예배가 세속의 정치적 이슈와 분리될 때 그것은 하나님을 경험하기보다는 잘못된 생각을 주입시키는 우상이 되기 쉽다고 비판했습니다. 다시 말해 예배는 초월적 하나님을 경험하는 동시에 내재적 인간의 삶에 대한 깊은 신앙적 성찰과 행위로 연결되어야 한다는 것입니다. 현실이 불평등과 부조리로 가득한데, 우리끼리만 앉아서 영광스러운 찬양을 부르면서 하나님을 예배한다는 것은 하나님의 사랑하시는 세상을 외면하는 행위이기 때문입니다. 포레스터에게 예배는 구체적인 일상의 현실을 반영하는 것이어야 하며, 시대의 표징(signs)를 분별하는 행위이기도 합니다. 우리는 성만찬을 통해서 예수님의 피와 살을 먹고 마시는 행위 안에서 수많은 타자와 연결되고 생명으로 하나 되는 깊은 경험을 맛보게 됩니다. 특별한 먹기(eating)로서 다가오는 천국의 만찬 안에서 모두의 생명이 연결되는 동시에 서로가 서로의 부분이자 전부인 것을 깨닫게 됩니다.

평화와 화해의 에클레시아

1) 평화의 공간으로서 성만찬적 에클레시아

크리스틴 폴(Christine D. Pohl)은 *Making Room: Recovering Hospitality as a Christian Tradition*에서 기독교 전통에서 환대의 문화가 어떻게 해석되고 실천했는지를 자세히 다루고 있습니다. 그는 환대에서 가장 중요한 것은 특정한 '장소'(place)를 제공하는 것으로, 육체적, 사회적, 가치와 의미의 공간을 통해 누군가를 환영하고 인정하는 것이 중요하다고 말합니다. 특별히 세속 도시와 같이 인간의 도구화와 소외화가 이루어지는 장에서 교회는 낯선 타인을 자신의 공동체 안으로 받아들이고 그들을 위한 자리를 제공함으로 도시의 변화와 새로운 창조적 공간을 제안할 필요가 있습니다. 공간을 마련하는 것은 구체적인 장소가 갖는 의미와 가치를 부여하는 작업입니다. 마치 집(homes)과 같이 편안함을 느끼고, 삶을 지속할 수 있는 육체적, 관계적, 영적 자양분을 공급받아 하루하루를 충만히 살아갈 수 있는 환대의 장소를 제공하는 것은, 도시의 변화를 일으키는 전술이기도 합니다. 한 식탁에 둘러앉아 함께 먹고 마시고, 대화하고, 춤추고 찬양하는 실천은 장소 없이 살아가는 노마드적인 삶에 삶의 고정점을 제공하면서 정체성과 소속감을 선물하는 행위입니다. 이처럼 낯선 타자로, 이방인으로 살아가는 도시인들에게 교회는 화해와 평화를 위한 장소를 마련할 필요가 있습니다.

에클레시아는 왜곡된 도시의 시공간을 치유하는 평화의 공간입니다. 탈진하고 도구화된 이들에게 새로운 생명의 충만함을 공급하며 따뜻한 관계와 상호 지지를 가능하게 하는 탈세속의 장소입니다. 세속의 도시는 자본에 잠식된 공간들이 가득하지만, 그 가운데 삶의 충만함을 경험할 수 있는 장소를 마련하는 것은 작은 균열을 일으킬 수 있는 변혁적 행위이기도 합니다.

이런 관점에서 근원적 정통주의(Radical Orthodoxy)가 제안하는 성만찬의 해석과 실천은 도시민들을 육체적인 삶을 넘어서 초월적인 삶으로 안내할 뿐 아니라 함께하는 성만찬의 예전을 통해 구성원의 참된 연합과 일치를 추구하는 기초가 될 수 있습니다. 유대인이나 헬라인이나, 여자나 남자나, 어른이나 아이나 할 것 없이 모두가 함께 참여하는 성만찬의 의식은 분열과 소외의 사회에서 참된 도시 공동체를 만나는 멋진 경험입니다. 도시적 일상에서 자신을 받아주고 공동체의 일원으로 소속할 수 있는 공간이 있다는 것은 사회적, 관계적, 영적으로 성장과 성숙을 이룰 수 있는 장이 마련된 것입니다.

한스 부어스마(Hans Boersma)는 『십자가, 폭력인가 환대인가』에서 교회를 복음의 공적 선포와 더불어 환대의 얼굴을 목격하는 최적의 장소이며 신적 환대로서 정의가 추구되는 공공 영역으로 보았습니다. 그는 구체적으로 십자가를 통해 교회가 각각의 경계를 넘어서 정치, 사회, 경제 영역에서 공적 정의를 어떻게 발전할 수 있는지를 질문합니다. 도심의 낙후된 지역을 돌보고 시민들의 삶을 회복하며 사회적 정의를 실현하기 위한 실천들을 전개하는 것은 공공의 역할 못지않은 교회의 선교적 실천이기도 합니다. 물론 부어스마도 교회 밖의 다른 환대의 공동체를 인정합니다. 하지만 교회를 통한 화해와 평화의 실천은 복음이 갖는 특수성에서 기인합니다. 복음은 나를 넘어서서 타인 중심적인 용서를 행하고 그들을 영원한 하나님의 나라로 초청하게 하며 세례를 통해 그리스도와 연합함으로 보편적인 그리스도 공동체의 일원이 되게 합니다.

 현대 도시의 일상에서 교회가 실천하는 예배와 환대는 모든 것을 초월하면서도 포함하는 그리스도의 신적 사랑과 구원에 기초하기에 그 함의가 깊고 넓습니다. 평화의 공동체로서 교회의 실천은 성만찬에서 절정에 이릅니다. 성만찬을 기념하며 교회 공동체가 실시하는 것은 그리스도와 그의 교회와 연합하는 것이며 용서와 삶을 살도록 하는 하나님의 초대입니다. 부어스마는 누가복음에 나오는 예수님의 식사를 언급하면서 '주의 식탁'은 신적 환대를 경험하는 자리이며, 예수님과 함께하는 종말론적인 만찬을 가시적으로 보여주는 장이라 생각했습니다. 이러한 성만찬은 단순한 식사 행위로 끝나는 것이 아니라 세속 도시가 지향해야 하는 평화적 공동체, 샬롬의 도시 모델을 보여주는 것입니다. 세속적 일상에서 천국을 맛보는 축제이기도 합니다.

 마크 고닉(Mark R. Gornik)은 *To Live in Peace*에서 성경이 증언하는 '샬롬'(shalom)은 도시 시민들로 하여금 평화를 만들어가는 (peacemaking) 변혁적 제자도를 실천하도록 안내한다고 생각했습니다. 샬롬은 갈등의 부재 상태가 아닙니다. 그것은 인간 모두의 번영 (flourishing)을 향한 조화로운 관계와 하나님의 의로우심을 반영하는 것으로서 새로운 예루살렘이 지향하는 핵심입니다. 현대 사회에서 도시의 평화를 추구하는 것은 인간 소외와 도구화란 죄의 영향력을 전복하고 장소와 공간, 시민들 사이의 배제와 차별을 바꾸어가는 실천적 행위입니다. 바로 이것은 평화의 예전, 즉 세례와 성만찬을 통해 교회가 평화의 증인들을 세워가는 것이며, 도시의 충만한 비전을 시민들에게 제시하고 실천하는 삶을 합니다.

샬롬은 도시의 왜곡된 일상이 지향해야 하는 상태이자 목표입니다. 개개인의 성공과 욕망의 성취를 꿈꾸는 현대 도시에서 샬롬은 인간이 모든 관계에서 평화를 누리는 상태를 의미합니다. 그것은 하나님과의 관계, 자아와의 관계, 동료들과의 관계, 자연과의 관계 등이 포함됩니다. 사람을 도구와 수단으로 삼지 않고, 존재 그 자체로서 인식하고 하나님의 선한 형상으로 인정합니다. 샬롬은 단지 적대감이 없는 상태만을 의미하지 않습니다. 샬롬이 최고조에 도달하면 그런 관계들을 자연스럽게 샬롬을 누리게 됩니다. 더 나아가 샬롬은 윤리적 공동체, 책임 있는 공동체의 이상이기도 합니다. 샬롬은 교회 공동체가 도시의 일상을 변화시키는 원동력이자 최종적인 목표입니다.

일상의 평화를 위한 에클레시아로서 교회는 평화의 내러티브를 공유할 뿐 아니라, 그것을 가장 잘 보여주는 성만찬의 식탁에서 함께 먹고 마심으로 진정한 평화와 사랑을 실천해야 합니다. 단순한 종교적 의식이 아니라 소외된 도시민들을 위로하고 그리스도의 충만케 하심으로 충만한 평화의 장을 마련해야 합니다. 얼굴을 맞대는 하나님의 샬롬 공동체로서 에클레시아는 세속적 일상의 변혁을 위한 작은 실천으로써 그리스도를 먹고 마시는 생명의 변혁적 현장을 실천할 것입니다.

2) 평화의 공간 실천으로서 순례

일상의 회복을 위한 평화의 실천은 개인보다는 공동체를 통해 전개되는 것이 효과가 있습니다. 특히 교회는 샬롬의 공동체로서 하나님의 평화를 이 땅에서 구현해야 할 책임감을 가집니다. 일상의 평화는 인간의 도구화와 기계화를 해체하고 하나님의 창조적 일상을 따라 모든 생명을 포괄하는 개념으로 나아가야 합니다. 이 부분에서 미로슬라브 볼프는 평화의 실천에 관한 중요한 통찰을 제공합니다. 그는 십자가를 통해 그리스도의 화해와 포용의 신학을 전개합니다. 십자가의 핵심은 타자를 적으로 남아 있지 않도록 자신 안으로 타자가 들어올 수 있는 공간을 마련하겠다는 그리스도의 사랑을 보여주는 것입니다. 그는 일상의 평화를 위해서는 타자를 위한 공간(space)이 필요하다고 하면서, 신적 공간으로 초대하는 행위로서 십자가를 해석합니다.

볼프의『배제와 포용』에는 타자를 위해 공간을 만드는 과정에서 포용의 네 가지 요소가 있습니다. 팔 벌리기, 기다리기, 팔 모으기, 다시 팔 벌리기입니다. 첫 번째, 팔 벌리기는 타자에게 손을 내미는 몸짓으로 타자를 자신의 일부로서 받아들이는 것입니다. 두 번째, 기다리기는 타자가 자신을 향해 움직이기를 강제하지 않고 기다리는 상호적인 행위입니다. 세 번째, 팔 모으기는 포옹 그 자체로서 상호성이 강하게 일어나는 과정입니다. 마지막, 다시 팔 벌리기는 내가 우리 속으로 사라지는 것으로 타자를 향해 함께 나아가는 것입니다. 그리스도의 십자가 정신을 따르고 실천하는 교회, 곧 에클레시아는 화해와 포용의 공동체입니다. 그것은 두 팔을 벌리고, 이웃과 타자를 환영하고자 하는 적극적인 기다림으로 존재합니다. 화해의 실천은 강압적이지 않으며, 타자가 충분히 다가올 수 있도록 인내하고 기다려주는 시간이 포함됩니다. 그리고 자신의 공간을 내어줌으로 공동체적으로 존재하기를 시도합니다. 그리고 함께 팔을 벌리면서 그리스도의 십자가로 모인 교회는 평화의 일상을 위한 공동체가 됩니다.

근현대 도시의 왜곡과 일상의 쇠퇴에도 교회는 전혀 다른 시공간을 충만하게 경험할 수 있는 공간이 되어야 합니다. 교회는 제3의 공간 (the third place)으로서 지역의 낯선 타자들을 환대하고 그들이 편안함과 행복을 느낄 수 있는 장을 제공해야 할 책무가 있습니다. 올든버그(Ray Oldenburg)는 제3의 공간의 특징들을 8가지로 구분하는데, 첫째는 중립지역으로서 모든 사람이 환영을 받을 수 있어야 하고, 둘째는 어떤 이유로든 상호 간의 관계적 평화를 위해 계층적 구분이 없어야 하며, 셋째는 합리적인 대화를 통한 상호 활동이 중심이고, 넷째는 모두가 참여할 수 있는 접근 가능성을 담보하며, 다섯째는 공동체의 참여와 환대를 위한 규칙들이 존재하며, 여섯째는 이 장소를 통해 교회의 이익을 추구하지 않아야 하며, 일곱째는 행복과 즐거움과 같은 정서적인 안정과 활동적인 면을 강조하고 마지막은 집과 같은 분위기를 연출하면서 모두가 안락하게 느낄 수 있어야 합니다. 이처럼 사이의 공간으로서, 또한 만남과 화해의 공간으로서 에클레시아는 세속과는 전혀 다른 일상의 공간 실천이 가능해야 합니다.

또한, 도시 공간을 평화의 실천을 위한 순례적 공간으로 접근할 필요가 있습니다. 세속의 도시는 욕망의 공간으로 우리를 인식시키지만 순례적 공간으로 도시를 바라볼 때 하나님의 거룩한 장소로서 도시를 살아가도록 할 것입니다. 일상의 공간으로서 도시는 욕망을 충족시키는 장소이지만 순례적 공간으로서 도시의 이해는 그리스도를 닮아가는 제자도의 삶을 살아가도록 합니다. 세속의 공간에서 거룩한 장소의 추구는 이 땅에서 살아간 수많은 신앙의 인물들과 사건이 빚어낸 거룩한 삶의 이야기를 살아내도록 합니다. 특정한 장소를 방문하며 그곳을 향하는 순례는 순수한 신앙의 실천이자 표현으로써 인간의 삶의 깊은 갈망을 향한 존재적 여정이기도 합니다.

순례는 개인적인 실천이 아니라 공동체적인 특징을 지닙니다. 하나님과 함께했던 구체적인 장소를 방문하면서 세속의 땅을 초월의 시선으로 바라보며 그 의미를 되새기게 합니다. 중세시대 순례는 공동체적 여정이었고 사회적 사건이었습니다. 더 의미 있고 가치 있게 여겨지는 삶을 위해 자신과 공동체가 함께하는 먼 여정에서 우리에게 세속의 공간은 단순한 장소적 의미로만 국한돼서는 안 되며 신성이 충만한 공간으로서 변화되어야 합니다. 여행은 자신의 만족을 위한 세상을 향한 여정이라면, 순례는 하나님의 중심을 향한 여정으로 특별한 공간을 통해 자신을 비우는 삶을 살게 합니다.

더 나아가 순례의 공동체인 에클레시아는 낯선 자들과 연대하며 환영하고 함께 걷기를 초청합니다. 이러한 공동체적 걷기는 새로운 도시 미래를 향한 여정이고 일상을 종말론적인 관점에서 살아가게 하면서 우리 존재의 연약함을 깨닫고 새로운 삶을 소망하게 합니다. 미셸 드세르토가 말하듯, 걷기는 하나의 의미의 발화 행위입니다. 세속의 공간이 만들어놓은 장소에 순응하며 걷는 것이 아니라, 자신만의 관점과 내러티브를 가지고 창조적으로 실천하게 합니다. 특정한 장소에서 발생한 내러티브는 개인과 공동체 구성원들의 정체성을 형성시켜 그 이야기가 계속해서 전달되게 합니다. 도시 안에서 순례자들이 만들어내는 영적이고 창조적인 발화의 내러티브는 욕망의 공간에서 사랑과 평화의 공간으로 전환될 가능성을 담고 있습니다.

도시의 순례자들은 주어진 환경을 거슬러 올라가는 이들이며, 자신만의 신앙의 관점과 세계관으로 공간을 창조적으로 해석하면서 저마다의 이야기를 만들어내야 합니다. 그것은 그리스도를 뒤따르는 순례의 여정입니다. 거룩한 장소는 하나님과 인간이 마주하였던 성서의 이야기를 오늘날 나의 도시에서 구체화하며 세속의 도시 공간을 향한 충만한 삶을 살게 할 것입니다.

한국기독교의 평화 이해 역사

손승호 (명지대 방목기초교육대학 객원교수)

세계교회사에서 나타나는 전쟁이론

평화가 전쟁의 반대말이 아니라는 것은 이젠 상식입니다. 소극적 평화와 적극적 평화도 이제는 듣다 보면 지루할 이야기입니다. 하지만 오늘의 우리가 이 뻔한 결론에 이르기까지 참 많은 시간과 시행착오, 그리고 결정적으로 많은 이들의 죽음이 필요했습니다.

정직하게 역사를 돌아보면 폭력은 언제나 인류사회의 법칙이었습니다. 힘이 있는 사람은 약한 사람을 언제나 누르고 싶어 했고, 힘이 센 나라는 언제나 약한 나라를 약탈하거나 점령하고 싶어 했습니다. 그걸 무식하게 노골적으로 하느냐 고상하고 교양 있게 포장하느냐의 차이가 있었을 뿐입니다. 루시드 폴의 노래 <사람이었네>의 가사처럼 오늘날 폭력은 자본, 착취는 세계, 전쟁은 정의, 파괴는 개발이라는 이름을 얻었습니다. 폭력이 법칙이라면 평화는 뭘까요. 그건 역사에서 가끔씩 등장하는 예외였습니다. 그런데 지금 우리는 그 예외를 법칙으로 만들고 싶어 합니다. 당연히 쉽지 않은 일입니다.

저는 글을 쓰는 사람이 저지를 수 있는 최대의 폭력이 독자를 지루하게 만드는 것이라 생각합니다. 하지만 이 글은 여러분을 지루하게 할지도 모릅니다. 이 글의 대부분은 지금은 죽고 없는 옛날 사람들의 평화와 전쟁에 대한 생각을 더듬어 보는 것입니다. 그리고 다 아는 뻔한 이야기부터 짚어나갈 겁니다. 하지만 지루하고 뻔한 이야기를 너무 미워하지는 마세요. 때로 어떤 뻔한 이야기들은 뻔한 만큼 진실에 가깝기도 하답니다.

교회의 전쟁이론은 크게 평화주의와 정당한 전쟁론으로 정리됩니다. 가끔 성전론(대의론)을 정당한 전쟁론과 분리해서 생각하기도 합니다만 성전론은 지나치게 호전적이니까 이 글에서는 무시하겠습니다. 평화주의가 잘 드러나는 글 중에 「사도전승」이라는 글이 있습니다. 로마의 첫 신학자라 불리는 히폴리투스의 글입니다. 히폴리투스는 아주 엄격하게 신앙의 순결을 강조한 교부였습니다. 그는 이렇게 말합니다.

> 17항 : 하급군인은 사람을 죽여서는 안 된다. 사람을 죽이라는 명령을 받은 경우에도 따라서는 안 되며, 명령을 받아서도 안 된다. 이 명령을 받는 사람은 교회로부터 추방해야 한다.

> 18항 : 칼의 힘을 지니고 있거나 자주색 관복을 입은 시관리는 직책을 포기하든지 아니면 교회에서 추방해야 한다.

> 19항 : 군인이 되기를 희망하는 예비신자나 신자들은 하나님을 모욕했으므로 교회로부터 추방해야 한다.

히폴리투스에게 무력을 사용할 수 있다고 생각하는 것과 기독교 신앙은 양립할 수 없는 것이었습니다. 군인이 되기를 희망하는 것만으로도 하나님을 모욕하는 것이라는 그의 주장은 과격할 정도로 평화지향적입니다. 하지만 기억해야 할 것이 있습니다. 히폴리투스는 기독교가 로마의 공인종교가 되기 전인 235년에 죽었다는 것입니다.

313년 밀라노 칙령으로 기독교가 공인이 됩니다. 전쟁에서 승리한 황제 콘스탄티누스의 통 큰 배려였습니다. 그럼 기독교는 어떻게 해야 할까요? 황제의 통치권을 인정해야겠지요. 어거스틴이라는 이름이 더 익숙한 아우구스티누스는 '황제가 미치광이라고 할지라도 공직자는 사람을 죽이라는 황제의 명령을 따라야 한다'고 이야기했습니다. 왜냐하면 '통치자는 증오와 죄악의 열정에 사로잡히지 않고도 사람을 죽일 수 있는 존재'이기 때문이죠. 실제로 통치자가 그런 존재인 것이 아닙니다. 이 말은 황제의 전쟁 수행을 인정하고 나아가 협조해야 하는 기독교의 신학적 정당화 작업일 뿐입니다.

종교개혁자들도 국가의 관리들은 하나님의 분노의 도구이기에 정부의 칼은 사랑과 모순을 일으키지 않는다고 생각했습니다. 의사가 환자의 환부를 도려내는 것이 곧 환자에 대한 사랑을 의미하듯이 말이죠. 루터가 「살인하고 강도질하는 농민 무리에 대하여」라는 글에서 농민들을 죽이라고 영주들을 독려했던 사실을 기억할 필요가 있겠습니다. 국가의 물리적 폭력이 사랑과 모순되지 않는다는 종교개혁자들의 생각은 기본적으로 국가권력이 사람을 죽이는 일을 긍정하는 논리입니다. 아주 이상한 생각은 아닐 수 있습니다. 실제로 거의 대부분의 나라가 군대를 운용하고 있고 일부 국가에서는 사형제도가 유지되고 있으니까요. 하지만, 후에 기술하겠지만 이 생각은 해방 이후 한국에서 끔찍한 일이 벌어지게 된 사상적 배경이 됩니다.

이쯤 되면 기독교의 평화 사상은 나와 내 친구가 남과 싸워서 이길 힘을 가지고 있느냐 그렇지 않느냐로 결정되는 것처럼도 보입니다. 제가 앞에서 했던 말을 기억해 주세요. 이때까지 인류사회의 법칙은 폭력이었습니다. 그리고 기독교의 정당한 전쟁론은 종종 폭력을 옹호하는 수단으로 활용되어 왔고 심한 경우 정당성 없는 전쟁을 성전으로 미화하면서 정당성을 부여하는 역할을 해왔습니다.

민족주의와 평화

1) 저항적 민족주의와 적극적 평화

그럼 한국교회의 평화 이해를 이야기해 볼까 합니다. 한국에 처음 기독교가 들어왔을 때 한국은 나라를 빼앗길 위기였습니다. 따라서 당시의 한국인들은 민족주의적인 각성이 되어 있었습니다. 특히 을사조약 이후에는 반일민족주의가 설득력을 얻게 되었습니다. 그리고 어떤 사람들은 테러리즘에 입각한 독립운동을 하기 시작합니다.

한국 민족운동의 인큐베이터 역할을 했던 곳은 상동교회입니다. 상동교회의 엡윗청년회(감리회 남성 청년회)는 지금도 상동청년회라는 이름으로 역사에 이름을 남기고 있습니다. 헤이그밀사 사건이 이 청년회의 기획이었고, 이준과 이상설이 상동청년회의 회원이었다는 사실은 꽤 널리 알려져 있습니다. 이 청년회의 구심점이었던 사람은 전덕기 목사입니다. 그런데 전덕기와 상동청년회의 회원이었던 정순만은 일진회나 친일 고위관료, 이토 히로부미를 암살하려는 모의에 가담하기도 했습니다.

전덕기 목사가 운영하던 상동청년학원 출신인 이동휘는 개화운동의 선구자, 기독교 사회주의자, 그리고 독립전쟁론에 입각한 독립운동가로 이름을 알리고 있습니다. 이동휘는 열렬한 기독교 신자이지만 일제를 상대로 한 전쟁을 선택 가능한 독립운동의 방법이라고 생각했습니다. 이동휘는 원래 대한제국의 군인이었으니까 충분히 그럴 만하기도 합니다만 예수를 믿게 된 후에도 여전히 군인의 신분을 가지고 있거나 의병을 조직하려 했던 것을 보면 이동휘 안에서 기독교의 사랑과 무력의 사용이 서로 모순되는 일은 없었던 것 같습니다.

1908년에는 대한제국의 외교고문으로 활동했던 미국인 더럼 스티븐스(Durham White Stevens)가 샌프란시스코에서 저격당하는 사건이 발생했습니다. 스티븐스는 친일파로 을사조약을 미화했고, 일본의 조선 병탄을 지지하는 활동을 하고 있었습니다. 분노한 한국인 2명, 장인환과 전명운이 암살시도를 했습니다. 그 중 장인환 의사의 총을 맞은 스티븐스가 총상에 염증이 생겨 수술을 받다 사망합니다. 이 장인환 의사도 감리교인입니다. 노방전도를 열심히 했다는 것을 보면 꽤 독실한 신앙인이었던 것 같습니다.

의열단원으로 종로경찰서에 폭탄을 투척한 것으로 유명한 김상옥 열사도 동대문교회를 다닌 감리교인이었습니다. 이분은 한때 동대문에서 기독교 서점을 운영한 적도 있고 충청·전라·경상도를 돌아다니며 기독교 서적을 보급하는 권서로 활동하기도 했습니다. 꽤 귀감이 될 만한 신앙인이자 독립운동가입니다. 어째서인지 예로 든 분이 모두 감리교인입니다.

암튼 이런 분들에게 독립을 쟁취하기 위한 무력투쟁과 그에 따르는 폭력은 불가피한 것이었습니다. 침략자에 대한 적개심과 저항의식, 그리고 그에 따른 무력의 사용은 사실 대부분의 피식민지에서 쉽게 발견되는 일입니다. 그리고 어떤 면에서 이런 무력의 사용은 평화를 위한 일, 다시 말해 적극적 평화를 구현하는 길로 이해되기도 했습니다.

2) 아시아의 단결과 동양평화론, 정당한 전쟁론

일제는 서양의 침략세력에 맞서 아시아가 단결해야 한다고 주장했습니다. 그리고 가장 먼저 근대국가로 부상한 일본이 그 맹주가 되어야 한다고 생각했습니다. 일제가 러일전쟁을 일으키는 이유를 '동양평화를 유지하고 대한독립을 공고히 한다'로 정당화한 것이 대표적인 사례입니다. 러일전쟁이 한창이던 1905년 2월에 일본과 한국이 맺은 「한일의정서」역시 제1조에서 "한일 양 정부는 영원한 친교와 동아시아의 평화를 확립한다"라고 말하기도 했습니다. 하지만 그 약속은 지켜지지 않았습니다. 이에 진짜 동양의 단결과 평화가 무엇인가에 대한 한국인의 대답이 나타나는데 그중 하나가 천주교인인 안중근 의사의 이토 히로부미 암살입니다.

안중근은 심문 과정에서 자신이 이토를 암살한 것은 한국의 독립과 동아시아의 평화를 지키기 위한 것이라고 주장했고 뤼순감옥에서 수감생활을 하던 중 「동양평화론」을 저술했습니다. 안중근의 동양평화론은 일제가 주장한 것과 마찬가지로 아시아의 단결을 지지했습니다. 다만 이토 히로부미가 한국을 침략하면서 일본 정부와 천황이 원했던 동양의 평화를 와해시켰다고 생각했습니다. 그래서 평화를 해치고 일본 천황에게 잘못을 저지른 이토 히로부미를 처단해야 한다는 것이지요. 힘에 의한 평화가 아니라 자발적 연대를 통한 평화라는 면에서 안중근의 생각은 적극적 평화에 가깝다고 할 수 있겠습니다. 일본 정부와 천황에 대해서 지나치게 낭만적으로 생각한 것은 지금으로서는 의아한 부분이지만 이런 것은 당대를 살아가는 인간에게서 쉽게 발견되는 한계입니다.

전덕기도 안중근과 비슷한 생각을 가지고 있었습니다. 그는 일제가 아시아를 지배할 능력이 없다고 이야기했습니다. 전덕기는 자격이 없는 운전수가 기차를 운전하면 본인은 물론 승객들의 목숨이 위험해지기 때문에 해고해야 한다고 주장했는데 이는 자격 없는 일제의 아시아 지배를 종식해야 한다는 의미였습니다. 본회퍼의 미치광이 운전수 비유가 떠오르시죠? 전덕기와 본회퍼가 모두 비슷한 비유를 사용하고 암살 모의에 가담했다는 점은 "한국의 본회퍼는 전광훈이 아니라 전덕기"라고 말할 수 있는 근거입니다. 암튼 일제강점기 한국의 기독교 독립운동가들의 상당수는 평화주의보다는 정당한 전쟁론에 입각해 있었다고 보는 게 좋겠습니다.

한편으로 정당한 전쟁론이 퍼져나가는 데에는 선교사들의 영향도 있었습니다. 1차 세계대전이 발발하자 선교사들은 그들의 나라로 돌아가 전쟁에 참여하거나 한국에 남아서 승전을 위해 기도했습니다. 애국심을 바탕으로 적극적으로 전쟁에 참여하거나 후방에 남아 전쟁을 위해 기도하는 선교사들의 모습은 당시 한국인들에게 정당한 전쟁론에 대해 실감하게 만드는 결과로 이어졌습니다.

유럽을 중심으로 세계에서 전쟁이 발발하고 있던 20세기 전반기에 정당한 전쟁론은 이곳저곳에서 주도적인 전쟁이론이 되어 갔습니다. 전쟁의 직접적인 피해로 황폐해지고 있던 서구권에서는 평화주의가 조금씩 머리를 들고 있었지만 동북아시아에는 제대로 소개되지 않았습니다. 이런 역사적 상황을 생각할 때 3.1운동의 비폭력저항 정신은 더욱 놀랍습니다.

3) 3.1운동의 비폭력저항

3.1운동의 민족대표들은 종교 지도자들이었습니다. 이들은 비폭력을 중요한 방법론으로 채택했습니다. 우리는 종종 이 평화주의가 기독교에서 비롯되었음을 자랑스럽게 여기며 민족대표 33인 중 16명이 기독교인이었다고 이야기합니다. 하지만 생각해 보면 17명은 기독교인이 아니었고 그들이 동의하지 않았다면 「기미독립선언서」가 그렇게 사해동포주의나 비폭력주의에 입각할 수 없었을 것입니다. 그리고 일부 폭력적인 상황이 발생하기도 했지만 그래도 시위의 현장에서 전반적으로 비폭력의 기조가 유지될 수 있었던 것 역시 비폭력에 동의한 수많은 사람들 때문입니다. 그리고 이들 중 절대다수는 비기독교인이었습니다.

어쨌든 「기미독립선언서」는 인류의 양심에 기대어, 민족 간의 차별 없이, 모든 인간이 존엄하게 살아갈 세상을 만들자는 아름다운 문서입니다. '위력의 시대가 가고 도의의 시대가 온다'는 선언은 지금 읽어도 짜릿한 맛이 있습니다. 심지어 '일본을 원망하지 않겠다, 묵은 옛 일을 응징하거나 잘못을 가려 남을 쫓고 물리치려는 것이 아니다'라는 대목은 이 선언서가 가진 평화주의적 색채의 백미라 하겠습니다. 선언서 말미의 공약 3장도 배타성이나 폭력성을 경계하고 있죠. 선언서의 초안을 쓴 것이 천도교인인 최남선입니다만 그 스스로 기독교의 정신에 영향을 받았다고 말한 바 있으니 이 선언서의 아름다움에 기독교의 영향이 조금은 있었다고 생각해도 좋겠습니다.

　당시 기독교의 비폭력 사상이 더 잘 드러나는 것은 「독립단 통고문」입니다. 기독교의 독자적인 선언문이기 때문입니다. 여기에는 이런 내용이 담겨 있습니다.

> 독립단 제군이여 무슨 일을 하던지 일본인을 모욕하지 말고, 돌을 던지지 말며, 주먹으로 치지 말라. 이는 야만인의 하는 짓이니 독립의 중심 뜻을 손해나게 할 뿐인즉, 각자 주의할 일이다. 신도는 매일 3시에 기도하되 일요일은 금식하고 매일 성경을 읽되 일요일은 이사야 10장, 화요일은 예레미야 12장, 수요일은 신명기 28장, 목요일은 야고보 5장, 금요일은 이사야 59장, 토요일은 로마서 8장으로 돌아가며 읽을 것이다.

　성서의 말씀을 곱씹으며 비폭력의 기조를 지켜나가는 것인데요. 여기에는 폭력이 가진 2가지 문제점이 나타납니다. 하나는 야만적 행위라는 것, 두 번째는 진짜 전달하고자 하는 메시지를 훼손한다는 것입니다. 그러니까 폭력은 근본적으로도 방법적으로도 좋은 선택지는 될수 없다는 것이지요. 폭력의 야만성과 무용성을 지적하고 있다는 점에서 당시 한국기독교의 평화주의가 단순한 감정적 호소는 아니었음을 알 수 있습니다.

　물론 3.1운동의 각종 선언에서 나타나는 아쉬운 점도 있습니다. 숨겨진 차별의식입니다. 「기미독립선언서」에는 '문화민족인 우리를 야만족같이 대우한다'라는 뜻의 "토매인우(土昧人遇)"라는 말이 등장합니다.

「독립단 통고문」에도 "야만인의 하는 짓"이라는 말이 나오고요. 그런데 당시 야만인 또는 토인(土人)이라는 말은 구체적으로 지칭하는 대상이 있는 말이었습니다. 지금은 잘 쓰지 않지만 얼마 전까지만 해도 토인이라는 말을 사용해 왔습니다. 그리고 이 토인은 기본적으로는 아프리카의 흑인 원주민을 뜻해왔죠. 그러니까 '토매인우'라는 말은 '저 미개한 아프리카 흑인에게나 할 대우를 우리에게 한다'는 뜻인 겁니다. 누군가를 미개하고 열등한 종족으로 치부하는 것은 그 자체로서도 폭력이지만 다른 폭력을 야기하는 출발점이기도 합니다. 3.1운동의 자랑스러운 사해동포주의에서도 부족한 부분이 있다는 것인데요. 덕분에 우리에게 맡겨진 진보가 남아있는 셈이니 아쉬워만 할 것은 아닙니다.

4) 대동아공영과 태평양전쟁

일본은 자국의 아시아 침략을 서구로부터의 아시아 해방으로 미화했습니다. 그러면서 1940년경부터 아시아에 대한 일본의 패권을 대동아공영이라 표현했습니다. 말의 뜻은 '아시아의 사람들이 함께 번영하는 영역'입니다만 실질적으로 일본 제국주의의 영토확장을 의미했습니다. '로마의 평화(Pax Romana)'의 일본버전이 '대동아공영'입니다. 그리고 1941년 12월 7일 진주만 습격을 기점으로 태평양전쟁이 시작되죠. 일본 기독교의 흑역사가 이때입니다. 이 시기 일본 기독교는 사실상 전쟁도구였습니다.

한국교회라고 상황이 크게 다르지는 않았습니다. 신사참배를 가결한 이후 한국교회도 일제의 침략전쟁을 충실히 지원하였습니다. 장로교의 정인과 목사는 총회 석상에서 일본의 전쟁수행을 지원한 성과를 보고하면서 "'이만하면' 하는 기쁨"을 갖게 되었다라고 말했습니다. 다른 종교에 비해 장로교가 훨씬 전쟁 지원을 잘했다는 뿌듯함을 이야기한 것입니다. 이때 조직체로서의 한국교회가 가지고 있었던 전쟁이론은 정당한 전쟁론을 넘어 성전론에 가깝습니다.

하지만 모든 기독교인이 일제의 침략전쟁을 성전이라 부르며 지원했던 것은 아닙니다. 시기가 조금 앞서긴 하지만 1938년 조선총독부 경무국 자체 보고서에는 이런 말이 있습니다.

예수교도는 시국에 대해 매우 냉담한 태도를 가지고 있다. 이들은 신사참배를 비롯한 일련의 국가 행사에 참가하는 것 자체가 그리스도의 계명에 어긋난다고 하여 이를 기꺼워하지 않는다. 이들은 또 예수를 만왕의 왕으로 내세워 불경죄 혐의로 처벌되는 경우, 또는 그릇된 평화관에 사로잡혀 반전(反戰) 언사를 함부로 하는 등의 사안이 곳에 따라 발생하여 후방 국민의 정신적 결속을 문란케 하는 사태를 야기하였다.

한국교회는 그동안 신사참배 거부 운동을 하신 분들만 기념해 왔습니다만 평화의 관점에서 볼 때 "그릇된 평화관에 사로잡혀 반전 언사를 함부로 하는" 기독교인들을 기억할 필요가 있겠습니다. 아직 이 분들에 대한 연구가 없어 좀 더 자세히 소개드리지 못하는 것이 아쉽습니다.

전체적으로 일제강점기 한국교회의 평화 이해는 처음에는 민족주의적 색채를 띤 정당한 전쟁론에 가까웠지만 3.1운동을 기점으로 평화주의가 드러나기 시작했고 일제강점기 말에 가면 적극적 친일인사들의 성전론, 종교적 저항자들의 평화주의, 민족운동가들의 정당한 전쟁론이 공존하고 있다고 볼 수 있겠습니다.

냉전과 평화

1) 전투적 반공주의와 민간인 학살

1945년 8월 15일 한국은 해방이 됩니다. 그리고 해방은 곧 분단을 의미했습니다. 분단 이후 북한 지역에 살던 기독교인들은 생명과 재산, 그리고 신앙을 지키기 위해 남쪽으로 피난을 오게 됩니다. 공산 세력으로부터 실질적인 생명의 위협을 경험하고 온 이북 출신 기독교인들에 의해 한국기독교의 분위기는 전투적으로 변하게 됩니다. 한국기독교의 전투적 반공주의의 시대가 열리는 것이지요.

이후 한국에서 발생하는 여러 민간인 학살에서 기독교인들은 이를 이론적으로 정당화하거나 실제 민간인 학살의 명령을 내리는 역할을 합니다. 제주4·3사건의 초기 진압 명령권자였던 경무부장 조병옥이 대표적인 예라고 할 수 있습니다. 감리교인인 조병옥은 4·3의 강경진압을 주도해 결국 대규모의 희생을 야기한 핵심인물로 평가받습니다. 그는 제주4·3사건을 "민족을 소련에 팔아 노예로 만드려는 공산주의자들의 흉악한 음모와 계략"으로 파악하고 유사시 "싹 쓸어버릴 수도 있다"라고 말한 것으로 알려져 있습니다. 그는 공산주의를 "사탄의 진영"으로 파악했고 그런 그에게 공산주의와의 공존이나 평화는 말도 안 되는 일이었습니다.

이런 그의 생각은 국민보도연맹을 제안했던 사상검사 오제도에게서도 드러납니다. 오제도는 장로교인으로 영락교회를 다닌 것으로 알려져 있습니다. 그는 좌익전력자가 국민이 되기 위해서는 "피눈물 섞인 속죄와 참회"의 과정을 거쳐야 하며 보도연맹은 "사상적 미로에서 방황하는 동포에게 반성과 회개케 하는 지도교화에 따라서 전향이 가능한 대상자에게 시행하는 온정적책"이라 표현한 바 있습니다. 참 기독교적인 문법입니다. 그는 자유민주주의는 정의와 진실, 공산주의는 독균, 나병, 적마(붉은 악마)라고 생각했습니다. 그의 말을 좀 더 살펴봅시다.

> 병균이 침투하지 않도록 이쪽에서 적극적인 청소작업을 한다는 것, 설령 병균이 있다고 하더라도 사전에 정치적 식견과 훈련인 예방주사로서 감염되지 않도록 한다는 것, 그리고 만약 감염되었을 때는 최선의 방도로서 치료하도록 하는 것이나 만약 치료할 수 없고, 그 나병자 때문에 더 많은 나병자가 있을 위험이 있는 경우에는 대국적 입장에서 희생시켜야 한다.

살벌합니다. 아까 제가 종교개혁자들이 의사가 칼로 환부를 도려내는 것이 사랑과 모순되지 않는다고 생각했다는 말씀을 드리면서 이 논리가 한국에서 끔찍한 일로 연결되었다고 했었는데요. 한국전쟁이 발발하자 20만에서 30만 정도로 추정되는 보도연맹원을 학살했던 국민보도연맹사건을 말씀드린 것입니다. 오제도는 명백하게 공산주의자가 아닌 사람들도 의심이 갈 경우에는 "대국적 입장"에서 희생, 즉 애매한 사람도 죽여야 한다고 이야기하고 있습니다. '청소, 치료, 대국적 희생'이라는 말은 당시 한국기독교가 반평화적인 사상을 정책으로 실현할 수 있는 위치에 있었으며 그 정책에 따라 무수한 사람들이 희생되었다는 것을 드러내는 말입니다. 제주4·3사건이 한창이던 1950년 하반기에 경찰서에 전달된 명령들을 보면 "중간좌경인물", "확고한 사상을 표현치 않고 중간적 태도를 취하는 자"를 조치할 것을 지시하고 있습니다. 이런 명령들은 좌익 여부가 명확하게 판명나지 않은 사람들까지 죽이는 결과로 이어졌습니다. 한국교회의 전투적인 반공주의가 폭력적인 국가권력과 만났을 때 어떤 일이 벌어졌는지 잊어버려서는 안 될 것입니다.

2) 군목제도와 신앙전력화

군종은 우리에게는 익숙한 제도이지만 세계적으로는 미국과 한국 정도만 도입하고 있습니다. 보통은 종군 성직자 제도를 갖고 있습니다. 종군 성직자 제도는 전쟁 시에 병사들에게 예배를 비롯해서 장례 등의 종교적 서비스를 제공하기 위해 한시적으로 운영되는 제도인 것에 반해 군종은 상시적으로 운영되는 것이 특징입니다. 그리고 한국의 군종은 6·25전쟁 중 개신교와 천주교를 대상으로 시작되었습니다. 6·25전쟁은 세계의 냉전체제가 한반도에서 폭발한 전쟁입니다. 그런 의미에서 한국의 군종제도는 냉전체제의 산물이기도 합니다.

한국의 군종은 1972년 정책적으로 '신앙전력화'라는 말을 사용합니다. 1972년 5월 한국기독교군선교연합회가 출범했고 당시 군종병과를 이루던 기독교, 천주교, 불교의 군종장교들이 모여 군종병과의 이념을 '신앙전력화'로 정했습니다. 1976년에는 박정희 대통령이 친필로 휘호를 써서 군종감실로 보냈고 그것이 전군의 종교시설에 걸렸습니다. 현재 국방부 훈령 「군종업무에 관한 훈령」의 제2조(정의)의 12항에는 신앙전력화의 정의가 있습니다.

신앙전력화란 장병들이 종교활동을 통하여 고양된 신앙심으로 부여된 임무를 완수하는 무형적인 전투력 강화를 말한다.

한국기독교는 전군신자화운동을 통해 기독교의 확산을 추구해 왔습니다. 그리고 그 일환으로 신앙전력화를 받아들이고 있습니다. 하지만 법률적 정의에서 알 수 있듯이 신앙전력화란 신앙심을 전투력의 강화를 위한 수단으로 활용한다는 것을 뜻합니다. 한국기독교는 여전히 특정한 상황에서는 신앙이 살인을 독려하는 이념으로 사용되는 것에 동의하고 있는 셈입니다.

3) 진보적 신학자, 김재준
보통 평화주의는 진보적 신학으로 이해되기도 합니다. 그렇다면 진보적 신학의 거두로 이해되는 김재준 목사의 평화관은 어땠을까를 살펴보면 어떨까 합니다. 일단 김재준은 이북 출신의 신학자로 강한 반공주의를 갖고 있었습니다. 따라서 반공 전쟁을 지지했습니다. 오히려 그는 반공 전쟁이 평화라고 생각했습니다. 공산주의의 노예가 되는 것은 진정한 평화를 잃어버리는 것이고 따라서 전쟁을 거부하는 것이 평화가 아니라 '공산 노예화로부터 자유를 수호하는 것'이 평화라는 생각입니다.

1953년 김재준이 쓴 「환란과 평화」라는 글이 있습니다. 이 글에서 김재준은 기독교 평화주의와 정당한 전쟁론에 대한 자신의 생각을 좀 더 명확하게 표현합니다. 그는 초대교회의 평화주의를 "사랑 없는 율법주의적 평화"라고 비난하면서 기독교인으로서는 "있을 수 없는 평화 개념"이라고 단언합니다. 나아가 기독교 평화주의는 "자기중심적인 심리적 도피성이요 기독교적 실재는 아니"라고 선언합니다. 평화주의는 이기적이고 비겁한 허상이라는 말과 다르지 않습니다. 결국 공산주의와의 전쟁을 옹호하고 있는 것이죠. 김재준의 입장이 정당한 전쟁론에 서 있음을 분명하게 알 수 있습니다.

1962년에는 베트남 전쟁을 비판하는 「평화에의 의지와 노력」이라는 글을 썼습니다. 글의 제목만 보았을 때는 평화주의를 연상할 수 있지만 내용을 살펴보면 그것과는 꽤 거리가 있습니다. 김재준은 공산 세력을 상대로 한 폭격과 무력의 사용은 당연한 처사라고 말하고 있기 때문입니다. 그는 다만 군사적 방식이 베트남에 유용한 해결 방안이 아니라는 이야기를 하고 있을 뿐입니다. 전쟁 비용을 경제발전과 산업 건설에 투자하는 것이 더 유용한 방법이라는 것이죠.

1965년 김재준은 「세계평화의 문제」라는 글을 씁니다. 이 글의 핵심은 핵전쟁만큼은 막아야 한다는 것입니다. 핵전쟁은 '전쟁이 아니라 온전한 살인 행위이자 살인을 위한 살인 행위일 뿐'이라 말하고 있습니다. 물론 제가 보기에 김재준의 입장은 매우 호전적인 정당한 전쟁론입니다. 그는 전쟁 억제를 위한 군사력 증강을 주장하였고 반공주의가 충분한 전쟁의 정당성이 될 수 있다고 생각하니까요. 하지만 한편으로는 전쟁보다 더 나은 길이 있을 때, 또는 너무나 강력한 무력의 사용으로 회복이 불가능한 상황이 예측될 때는 전쟁에 정당성이 없다고 보고 전쟁에 반대한다는 측면에서 성전론과는 차이가 있습니다.

김재준의 입장은 그래도 평화적인 편입니다. 베트남 전쟁 당시 한국교회는 훨씬 더 호전적이었습니다. 한국교회는 베트남 전쟁을 성전, 한국군을 십자군이라고 표현하면서 파병을 지지했습니다. 나아가 세계 기독교계가 명분 없는 베트남 전쟁을 반대할 때도 한국교회는 '공산주의와 공존은 불가능하다'며 전쟁을 옹호하였습니다. 그러니까 김재준의 입장은 빨간 바탕색 위에 칠해진 핑크색 같은 겁니다. 충분히 호전적이지만 주변이 더욱 호전적이라 그나마 평화적으로 보이는 사례라 하겠습니다.

4) 흔치 않은 예외, 함석헌

이런 한국기독교에서 평화주의자로 분류될 수 있는 사람은 거의 없습니다. 하지만 예외 없는 법칙은 없듯이, 한국기독교에도 평화주의자가 있습니다. 함석헌입니다. 함석헌은 1947년 현동완을 통해 퀘이커의 양심적 병역 거부 운동과 평화운동에 대한 정보를 얻습니다. 그리고 기독교 신앙으로 전쟁을 거부할 수 있음을 인식하게 되죠. 함석헌에게 찾아온 돈오의 순간입니다. 그리고 1962년 미국을 방문할 기회를 얻은 함석헌은 퀘이커리즘을 체험합니다. 그리고 한국의 반전·반군사주의, 비폭력주의를 상징하는 인물로 자리잡게 됩니다.

1965년 함석헌은 『사상계』에 「비폭력혁명」이라는 글을 씁니다.

보다 높은 자리에 서는 전연 새로운 세계관, 새로운 인생관, 새

로운 윤리, 새로운 종교가 나와야 할 것입니다. 그것을 우리가
당한 이 시대의 말로 할 때 비폭력입니다.

완전히 새로운 사상과 윤리, 종교가 우리에게 필요한데, 그것이 바로
비폭력이라는 말입니다. 나아가 함석헌은 '비폭력은 생에 대한 절대의
존경을 토대로 하는 도덕'이라고도 말합니다. 6.25전쟁을 경험한 김재
준이 정당한 전쟁론을 신봉했던 것과 달리 함석헌은 같은 전쟁을 경험
하고 평화주의를 주장합니다. 어떻게 같은 민족, 형제, 부모, 자식 간에
총을 쏠 수 있느냐는 것이지요. 함석헌이 쓴 「6천만 민족 앞에 부르짖
는 말씀」이라는 글에서 그는 '지금 평화는 성인들의 이상이 아니라 현
실이 졸라대는 과학적인 사실'이라고 말하면서 기독교 평화주의를 설
파하였습니다.

함석헌은 기독교 평화주의자로서 양심적 병역거부 운동을 주창하였
고, 베트남 전쟁에 파병을 막기 위해 단식하였습니다. 그는 박정희의
군사쿠데타를 반대한 흔치 않은 기독교인이었습니다. 한국의 진보적
인 기독교인들도 대체로 군사쿠데타를 지지했습니다. 김재준도 강원
용도 군사쿠데타가 4·19혁명 이후의 정치적 혼란보다는 낫다고 생각
했지만 함석헌은 군인 정신으로는 참된 평화를 이룰 수 없다고 생각했
습니다. 그리고 군사독재를 끊임없이 비판했습니다. 그럼에도 박정희
가 암살을 당하자 그것을 환영하기보다는 "저마다 세상의 악을 아주
뿌리 뽑겠다고 하기 때문에 서로 싸움이 됩니다. 겸손하게 악을 힘써
피하고 선을 힘써 행하는 것으로 만족한다면, 세상이 이렇게 어지럽지
는 않을 것입니다"라고 말하며 비폭력의 정신을 지켜나갔습니다.

함석헌의 사상은 아쉽게도 한국교회에 뿌리내리지 못했습니다. 6·25 전쟁의 참혹한 경험은 여전히 한국교회에 평화주의를 말하기 힘든 분위기를 조성하고 있었고 반공주의를 매개로 한 군사정부와의 협력은 한국교회에는 가파른 성장을 도모할 수 있는 절호의 기회였습니다. 어쩌면 함석헌은 한국에 너무 일찍 찾아온 사상가였는지도 모르겠습니다.

민주화 이후의 변화들

1) 한국기독교교회협의회 88선언

한국기독교교회협의회(NCCK)가 1988년 발표한 「민족의 통일과 평화에 대한 한국기독교회 선언」은 한국교회가 처음으로 반공주의를 죄로 고백한 선언입니다. NCCK는 이 선언에서 '반공주의를 우상화하고 북한 정권을 적개시한 나머지 북한 동포들까지 저주하고 그들의 고통에 대해 무관심했던 것이 죄'라고 이야기하였습니다. 물론 이때에도 한국교회가 이 고백을 받아들이기는 힘들었습니다. 반공을 죄로 말하는 NCCK가 한국교회를 계속 대표해서는 안 된다는 여론이 생기고 1989년 보수적인 교회연합기관으로 한국기독교총연합회(한기총)이 출범하기도 하였습니다.

하지만 이 선언은 오랫동안 유지되어 오던 한국교회의 전투적 반공주의에 균열이 가고 있다는 증거였습니다. 이 선언에서 한국교회는 "평화와 화해를 결단하는 신앙공동체"로 표현되었고 NCCK는 참다운 화해와 일치를 실천해 나갈 것을 다짐했습니다. 물론 이 선언에 부족한 부분들도 있었습니다. 냉전체제와 이념의 극복 방안과 통일된 한반도의 청사진을 분명하게 제시하지 못했다는 비판도 있었습니다. 그럼에도 한국교회가 적대감과 미움 너머를 상상할 수 있는 계기를 마련했다는 점에서 한국기독교의 평화 이해에 중요한 계기가 된 것만은 분명합니다.

2) 대한예수교장로회(통합)의 평화선교지침

2017년, 그다지 주목받지는 못했지만 대형교단인 대한예수교장로회(통합) 총회가 평화선교지침을 공식적으로 채택했습니다. 물론 이 지침은 모든 교회가 공유하는 것이 아닙니다만 한국교회 안에 높은 수준의 평화 이해도 있다는 것을 잘 보여줍니다. 이 지침은 폭력을 4가지 영역으로 구분합니다.

공동체의 폭력	일상(가정, 교회, 마을, 학교, 직장)에서 일어나는 폭언, 폭행, 차별, 멸시, 억압, 착취, 그리고 그런 폭력을 야기하고 정당화하는 구조와 문화
시장의 폭력	경제활동과 관련된 폭력, 사람의 삶과 생존을 위협하는 가장 치명적인 폭력, 저임금 노동자에 대한 가시적인 폭력과 그런 폭력을 가능하게 만드는 법과 제도를 합리화하는 폭력적 구조, 저임금 노동, 열악한 노동환경, 부당해고, 불공정한 부의 분배, 비윤리적 생산, 소비, 투자, 약자에 대한 착취와 부당한 부의 축적

지구에 대한 폭력	지구온난화·기후변화와 그 결과, 온실가스를 다량 배출하는 선진국과 선도적 개발도상국, 부자들에게 책임을 묻지 않고 약자의 일상과 생존을 위협하는 폭력적 상황과 비뚤어진 구조와 문화
민족과 국가 사이의 폭력	전쟁과 대량 살상, 무한 무기 경쟁, 무기로 평화를 이룰 수 있다고 주장하며 무력 대결과 무기 경쟁을 정당화하는 구조와 담론, "불가피한" 전쟁의 묵인 및 승인

이 지침에서 평화는 단순히 전쟁의 반대말이 아니라 일상의 모든 영역에서의 "샬롬"이 되었습니다. 이 지침에서 샬롬은 정의에 기초한 적극적 평화로서 "정의로운 평화"로 표현됩니다. 그러면서 정당한 전쟁과 평화주의를 비판합니다. 정당한 전쟁은 "다른 인간에 대한 폭력을 정당화시키는 종교적 원리"가 되어버렸고 평화주의는 "때로 공적인 책임을 방기하고 영적인 삶이라는 분파적 보호지대로 도피하는 구실"로 사용되었다는 것이죠. 그리고 정당한 전쟁과 평화주의 사이의 제3의 길을 주장하며 1994년 세계교회협의회 중앙위원회의 선언을 인용합니다.

이제 우리는 전쟁을 통해서가 아니라 정의를 통해 평화로 이행한다.

평화는 하나님의 사역의 핵심이며, 모든 사물이 있어야 하는 대로 있는 올바름의 상태이면서, 정의의 실현이자, 종말론적 구원을 의미합니다. 그럼 이 평화는 어떻게 이루어질 수 있을까요. 이 지침은 "참여와 포용에 기초한 평화로운 구조, 화해를 통해 관계와 공동체를 회복시키는 체계와 과정, 평화 문화의 정착" 등을 그 방법이라고 소개합니다.

그러면서 비폭력을 강조합니다. 비폭력은 굴종하지도, 싸우지도, 도망치지도 않는 것으로 예수가 우리에게 보여준 제3의 새로운 삶의 방식입니다. 교회 안에 존재하는 '이기심, 교만, 경직, 배타성, 따돌림, 인색/부패' 등이 야기하는 폭력의 문화를 점검할 때에 비로소 교회는 평화를 위한 공동체로 나아갈 수 있다고 지적하는 이 지침서는 교회가 모든 성도에게 안전하고 평화로운 공동체여야 한다고 주장합니다. "세대, 젠더, 신체적 특징, 인종, 사회적 지위, 교육정도, 출신지역, 직분"에 관계없이 모두가 함께 행복하고 영적으로 건강하게 살 수 있도록 교회가 준비되어야 한다는 것입니다. 그리고 군비감축, 삶의 현장에서 평화 만들기, 가난하고 억압당하는 사람들과의 연대 등을 평화 선교를 위한 교회의 과제로 제시합니다.

이 지침서는 한국기독교의 적극적이면서도 공격적이지는 않은 평화 이해를 총체적으로 정리한 것입니다. 일반적인 평화학에서 이야기하는 내용들이 꼼꼼하게 신학적으로 적용되어 있는 매우 반가운 문서입니다. 그런데 이 지침은 잘 읽히지 않는 것 같습니다. 심지어 알게 모르게 폐기된 것은 아닌가 하는 의문이 들 정도입니다. 아쉽습니다.

나가며

이 글의 내용을 전체적으로 요약하면 이렇습니다. 한국기독교의 평화 이해는 처음에는 민족주의에 강한 영향을 받았고, 이후에는 반공주의의 지배를 받았습니다. 한국 기독교인에게 평화란 악한 누군가와 싸워서만 얻을 수 있는 것이었습니다. 그리고 그 싸움에 폭력과 살인, 전쟁은 당연히 일어날 수 있는 일이었습니다. 아쉽게도 한국기독교의 평화 이해는 많은 이들의 희생을 낳았습니다. 평화가 전쟁과 폭력을 정당화하는 이념이었기 때문입니다. 그 당시에는 그런 사고와 행동이 맞는 것이었을지도 모르겠습니다. 저는 지금 안전한 상황에서 이 글을 쓰고 있지만 당시 기독교인에게는 우리와 같은 삶의 조건이 주어지지 않았으니까요.

함석헌과 같은 예외를 제외하면 민주화가 된 이후에야 비로소 전투적 반공주의를 벗어난 평화 이해가 등장하기 시작했습니다. 늦은 것이지만 그것도 상당한 반발을 야기했습니다. 하지만 그 이후 꾸준히 이어진 평화에 대한 고민 덕분에 2017년에 이르면 어디에 내놓아도 크게 손색이 없을 정도의 기독교적 평화 이해가 한 교단 총회를 통해 제시되었습니다. 교회 현실은 여전히 고통스럽고 느린 변화 속도가 답답하지만 어쨌든 한국교회는 앞으로 나아가고 있습니다. "그래도 우리는 나아간다"는 믿음을 잃지 않았으면 합니다. 우리는 반드시 더 평화로운 교회와 세상을 만들어갈 것입니다.

가깝지만 먼 당신 : 영화 〈벌새〉와 〈헤어질 결심〉을 통해 본 윤리적 폭력

박혜인 (기윤실 기독교윤리연구소 연구위원)

> 만일 내가 나를 위해 존재하지 않는다면 누가 나를 위해 존재
> 하는가? 내가 오직 나를 위해서만 존재한다면 나는 누구인가?
> — 주디스 버틀러, 『지상에서 함께 산다는 것』, 277

국내에도 잘 알려진 철학자 주디스 버틀러(1956-)는 '나 자신을 설명하기'라는 '윤리적 폭력'이라는 개념을 창안합니다. 이는 완전하게 일관된 '자기'를 유지하려는 요구, 곧 자기동일성의 폭력이라고 요약할 수 있겠습니다. 윤리적 폭력은 나의 관점에서 내가 나 자신을 그리고 타인을 완전히 알 수 있다고 하는 내면의 전체주의적인 착각이며, "높은 위치에서 서서 내려다보며 판결을 내리려는 계몽주의적 오만함"으로 연결되기 쉽습니다(정항균 2015, 92). 버틀러는 나의 이야기와 나의 존재 자체가 당신 없이는 불가능하다는 제언을 합니다. 들어줄 누군가 없이 나의 이야기를 시작할 수조차 없는 나, 나조차도 소유할 수 없는 '나'의 안에는 스스로에게도 낯설고 이질적인 다원성이 존재합니다. 나의 존재를 깨닫게 하는 다른 사람, 그리고 우리는 모두 유동적이고 불완전하며 연약한 면을 지니고 있습니다. 연약함, 의존이라는 개념 자체가 듣기 싫을 수도 있습니다. 내가 먹고살기도 힘든데, 남 걱정

까지 하라니 마치 나의 세계가 침범당하는 것도 같습니다. 하지만 내 앞에 있으면서 나의 주관을 넘어서는, 나도 모르는 사이 나란 사람을 구성하는 누군가 앞에서 머뭇거리고, 얼버무리는 것은 윤리적인 말 걸기를 위한 조건입니다. 나를 중심으로 깔끔하고 획일적인 이야기를 구성하려는 우리 안의 전체주의적 습관, 윤리적 폭력보다는 바람직한 자세입니다. 버틀러는 상호의존의 의미를 다음과 같이 설명합니다.

> 우리가 서로의 삶을 지켜내기 위해 애쓰는 이유는, 각자의 삶보다 먼저 있으면서 각자의 삶을 가능하게 하는 사회적 유대관계 안에 우리가 이미 하나로 묶여 있다는 데 있다 (『비폭력의 힘』, 123-4).

우리 영화 두 편을 통해서 그녀의 논지를 이해해 보고자 합니다. '인간은 누구이며 무엇으로 사는가' 끊임없이 의문을 제기하고 답을 추구하는 것이 윤리적 과제라면, 사람들의 이야기를 담아 우리의 시각을 "확장"시키는 영화는, 우리가 지나칠 법한 타인의 깊고 미묘한 감정과 사연을 포착해 "일상과 개인의 경험을 초월"하도록 돕는 신학적 매개입니다(196). 폭력의 근원에 대한 윤리적 성찰과 소통이 부재할 때, 자기동일성을 관철시키려는 움직임이 보이지 않는 구조적 폭력이 되고 이는 곧 눈에 드러나는 물리적 폭력의 근원에 자리하고 있음에 주목하려 합니다. 영화 〈벌새〉에서는 여중생의 눈과 마음으로 일상을 파고드는 동일성의 폭력을, 〈헤어질 결심〉에서는 연인을 향한 "말 걸기의 윤리"를 통해 이에 접근하고자 합니다.

<벌새>와 윤리적 폭력 비판

먼저 소개해 드릴 영화 〈벌새〉는 이러한 폭력의 겹과 결을 따라 올라가 90년대 한국 사회를 살아가는 서울의 여중생의 눈으로 포착합니다. 94년을 살아가는 소녀의 일상다반사적 폭력 경험—외삼촌의 자살, 친구들의 배반, 부모님의 다툼, 오빠에게 맞는 경험에 이르기까지 폭력이 만연한 요즘 영화들에 비하면 시시할 정도로 잔잔하고 소박한 영화입니다. 영화를 두 번, 세 번 보고 나서 제 어린 시절의 엄마, 선생님, 친했던 언니들과 동갑내기들이 떠올랐습니다. 이제 어른인 우리 기억에서 잊혀진 중학교 시절, 우리를 괴롭히고, 또 피치 못하게 어떤 때는 우리가 피해를 줬던 주변 사람들의 행적을 더듬어 보면서 이 정도로 공유된 기억이 있다는 것은, 구조적 폭력, 즉 신자유주의적 자본주의와 경제적 불평등의 현실이 일상에 스며들면서 모든 것을 개인의 책임으로 귀속시키는 데서 오는 외로움, 불안, 분노의 폭력 재생산은 단지 개인의 문제만은 아니기 때문입니다.

〈벌새〉의 은희는 가정에서, 학교에서, 폭력을 경험하고 이를 내면화하는 과정에서 진정한 방향 상실과 외로움과 맞닥뜨리지만, 그 슬픈 시선 안에도 조심스럽고 느린 희망과 참된 만남에의 기대, 기쁨이 있습니다. 은희는 가정과 학교, 학원에서 진정한 우정과 사랑에 목말라 있지만 동성 친구, 이성 친구에게 다른 방식으로 배신당하고 가정에서는 소외되기 일쑤입니다. 친구와 가족들이 은희를 사랑하지 않는 것은 아니지만 은희의 일상은 "가족에 의해 일상화된 폭력의 위험"으로 점철되고 있으며 이는 "'성적=성공=돈=권력'의 등식이 성립되는 한국식 자본주의 세계"에 자리잡은 결과이기도 합니다. 이러한 세계에 만연한 윤리적 폭력으로부터 은희는 자유롭지 않습니다(서곡숙 2023, 161-2).

> 사랑하는 가족이나 연인은 '나'의 일부를 이루며, 그들의 죄에 '나'는 필연적으로 연루되어 있다. 그 때문에 '나'는 그들을 거리를 두고 비판하거나 판결을 내릴 수만은 없으며, 동시에 그들을 이해하려고 노력해야 한다. 이러한 태도는 '너는 누구인가'라는 질문으로 이어지는 타자의 윤리학에서 시작되며 오직 이러한 태도만이 타자에 대한 어떤 이해의 시도도 하지 않는 윤리적 폭력을 막을 수 있다(정항균 93).

 오해, 한계, 배신이 반복되는 가족과 친구들과의 관계 너머에서 은희를 진정으로 이해하려고 노력하는 사람, 은희를 인정하는 사람은 한문학원의 영지 선생님입니다. 영화는 영지 선생님과 은희의 공감으로 압축되지만, 비극으로 그들의 관계는 예기치 않게 단절됩니다. 영화의 끝에 다다르면 공유된 폭력의 경험을 통해 말없이 서로를 좀 더 깊이 이해하게 되는 은희 가족의 소탈함에 우리 가족들의 역사를 비춰볼 수 있습니다. 너무도 친숙한 90년대 한국의 가정과 학교의 뒤안길에서 홀로 영지 선생님의 편지에 담긴 삶의 아름다움을 성찰하는 은희의 눈빛으로 영화는 마무리됩니다. 영화 〈벌새〉에서 인상적인 장면이 참 많지만, 폭력이 등장하는 주요한 부분을 살펴보고자 합니다.

#1. "너 아까 그 새끼 누구야.. 부모님 망신시키지 마라" (21:43-22:48)

은희를 때리는 오빠 대훈도 사실 고입을 앞둔, 그러나 이미 대입의 스트레스를 아버지로부터 받고 있는 서울 거주 학생으로서 "경쟁사회, 학벌사회, 동질성의 폭력"의 희생자입니다(서곡숙, 179). 동질성의 폭력이 윤리적 폭력의 주요한 특징임을 살펴본다면, 〈벌새〉의 주인공이 아닌 대훈은 머지않아 대입 이후, 피치 못할 사정이 아니라면 병역의 의무를 져야 할 것이며, 앞으로 심각한 언어적, 물리적, 심리적 폭력을 경험하게 될 것입니다. 이러한 폭력의 희생자가 되지 않는다 해도, '생존자'로서 대훈은 직장인이 될 것이고 가정도 꾸릴 것이지만 이렇게 사회에서 고착화된 집단적 무의식, "다수의 단일성"을 강요하는 구조를 성찰하지 못한다면, 구조적 폭력의 희생양이 된 누군가의 소식을 들으며 그것이 나와 내 가족이 아님에 감사하게 되는 일사불란한 삶을 살지도 모르겠습니다. 영화는 대훈을 일방적인 폭력의 가해자로 악마화시키지 않습니다. 누이인 수희가 성수대교 붕괴의 희생자가 되지 않았다는 데 눈물을 펑펑 쏟는 대훈을 보면서 비극적인 폭력 앞에서 사랑하는 가족의 가치를 깨닫는 가슴 짠한 순간을 목도할 수 있습니다. 따라서 은희에게는 폭력의 가해자인 대훈도, 국가 자본주의의 구조적 폭력의 희생자이고 서울대를 강요하는 아버지의 한국적인 가부장 이데올로기를 어쩔 수 없이 떠받들어야 하는 윤리적 폭력의 피해자로 보아야 합니다.

한국 사회에서 남성들의 성장과 통과제의는 가부장제와 병역의 의무 없이 이야기할 수 없는데, 여기서 인류학자이며 사학자인 르네 지라르의 마가복음 5장 해석이 눈길을 끕니다. 지라르는 예수님을 만나 부화뇌동하는 게라사의 악령들이 '군대(Legion)'로 자신을 소개하는 것에 주목합니다. 이에 대해 악령 들린 사람이 "동시에 하나이면서 여럿인 모든 타인들… 집단 추방에 기반을 두고 있는 사회를 이루고 있는 타인들에 의해 사로잡혀 있다"는 해석을 내놓습니다(『희생양』, 297). 통일성, 동일성 아래 집단으로 전염되는 '모방'의 구조가 외재화된 악령의 근원이라는 점은 숙고할 만합니다. 이 단일성은 붕괴하고 있지만 그 내부를 구성하는 다수는 그 단일성을 유지하기 위해 전전긍긍합니다. 따라서 동일성의 폭력이 이 사람—개인이지만 그 사회 전체를 상징하는—의 정신세계를 지배하고 있으며 완전히 타자로서의 예수님의 존재와 그분과의 만남이 자기동일성의 폭력을 단박에 해체하는 변혁과 치유, 평화를 가져온다는 것을 배울 수 있습니다. 지라르는 "모든 문화를 초월하여 집단적 폭력의 도식이 존재한다"(36)고 했는데 은희가 맞는 사회는 곧 대훈이 맞는 사회이기도 하며, 폭력이 재생산되는 것을 방지하기 위해서는 개별 사건뿐 아니라('누가 누굴 때렸냐!') 지배적으로 보편화된, 그 사회가 강요하는 틀을 먼저 인지해야 할 것입니다.

#2. "얼굴을 아는 사람은 천하에 가득하지만
마음을 아는 사람은…
속마음을 아는 사람은 몇이나 돼요?"(45:41-46:24)

'相識滿天下 知心能幾人'(상식만천하 지심능기인): 『명심보감』의 '교우' 편을 풀어주는 영지 선생님의 대사는, 영화에서 마음을 울리는 명대사로 꼽힙니다. 윤리적 폭력을 감내하는 은희에게 유일하게 지속적인 벗으로서, 선생님다운 따스한 이해를 선사하는 것은 영지 선생님입니다. 자기 집에서도 소외되기 일쑤인 은희에게 잠시나마 환대와 평화의 공간을 열어주는 것은 영지 선생님이며, 그녀는 영화에서 거의 유일하게 은희의 속마음을 안다고 할 수 있는 사람입니다. 영지 선생님은 어른이지만 은희처럼, 자기 세계에서 가장자리에 있으며, 서울대생이지만 휴학을 오래 했고 학원에서 '잠적'하는, 불확실한 사회적 위치를 점유하고 있습니다. 그래서인지 매번 울면서 자신의 폭력 경험을 토로하는 은희를 감정적으로 감싸 안아줍니다.

#3. "함부로 동정할 수 없어, 알 수 없잖아.."(1:21:18 -)

〈벌새〉는 폭력이 난무하는 한국 영화계에서 드물게, 비판적이지만 차분하게, 지금껏 영화의 서사에서는 주인공으로 무척 드물었던 여중생의 눈으로 모순적인 구조적 폭력을 있는 그대로 포착합니다. 앞에서 영지 선생님과 은희가 지나갈 때 걸려있는 현수막은 철거에 저항하는 재개발지역 주민들의 것입니다. 은희는 왜 그런 현수막이 걸려있는지, 또 그 주민들이 '불쌍하다'고 했지만 영지 선생님은 대답합니다: "불쌍하다고 생각하지 마. 함부로 동정할 수 없어. 알 수 없잖아." 국가와 자본의 폭력에서 희생자로 내몰린 사람들을 희생자로 간주하고 은희는 공감하려 하지만 영지 선생님은 섣부른 동정과 판단 이전에, 피해자로 간주된 사람들을 주체로 재해석합니다. 결코 알 수 없는, 존중해야 할 타자로 바라봅니다. 온정주의적 자선·돌봄의 시선은 소중하지만, 그러한 시선조차 우월의식과 자기동일성의 연장선상에 있을 때 윤리적 폭력이 될 수 있습니다. 타자의 고통 앞에서마저 우리 식대로 느낀 것을 강요하는 마음 자세가 폭력의 시초라는 것입니다. 이러한 태도는 이차적으로 폭력의 희생자들에게 상처를 남깁니다. 그렇다면 진정한 윤리적 주체는 동정에 그치지 않고 연대하며 역사적 죄의 순환, 구조적 악과 폭력, 그로 인해 고통받는 사람들과의 비대칭적인 구조를 끌어안고 함께하는 공평의 주체일 것입니다. 억압과 빈곤의 양상이 줄지 않는 세태에서, 빛과 소금의 역할을 우리가 주체적으로 감당해내고 있는지 깊은 반성이 필요합니다.

#4. 언니 수희와 그녀의 남자친구 차를 타고, 새벽에 은희는 성수대교 붕괴 현장에 가 영지 선생님을 애도합니다(2:11:14-2:13:25).

은희는, 성수대교를 오랫동안 바라본 뒤 고개를 떨구는데, 어두운 스크린에도 불구하고 은희가 눈물을 흘리고 있음을 포착할 수 있습니다. 은희의 표정, 그리고 얼굴은 관객을 숙연하게 만듭니다. 우리는 〈벌새〉에서 성수대교 붕괴를 간접적으로 TV를 통해, 참사를 면한 친구들과 은희 가족의 반응을 통해 불완전하게 접할 뿐입니다. 관객의 관점에서, 보이지 않는 경제구조의 폭력이 낳은 파편화되고 붕괴된 94년을, 그 폭력의 희생자가 된 영지 선생님과 은희의 애도를 통해 마주합니다. 국가는 경제 성장과 전시행정이 불특정 다수의 국민을 희생시켰음에도 "가해자의 익명성, 객관성, 체계성"을 빌미로 책임을 지지 않으며 이러한 구조적 폭력의 피해자가 된 이들을 적극적으로 애도하지

도 않습니다: "물신주의적 자본주의 사회의 모순, 국가 참사에 대해 누구도 책임지지 않는 상황은 마땅한 것이라 생각하는 기준을, 타자에게 요구함으로써 발생되는 객관적 폭력이자 구조적 폭력이다."(서곡숙 177)

94년 성수대교 사건에서 그치지 않고, 95년 삼풍백화점, 2009년 용산 참사, 2014년 세월호 침몰, 그리고 불과 2년 전의 이태원 참사를 바라보면서, 애도하는 은희의 눈물은 우리 모두의 끊이지 않는 눈물이 아닌지 생각해 봅니다. 무관심과 무책임으로 일관하는 사회의 폭력이 우리의 삶 곳곳에서 터져 나올 때 우리는 윤리적 파탄을 목도하고 책임 또한 떠안지 않을 수 없습니다. 내가 사랑하는 사람이 '어쩌다' 어느 날 그 다리에 있었다면, 그 건물, 그 배, 그 길 위에 있었다면…. '남'이 일이 '나'의 일과 결코 무관할 수 없다는 것이 상호의존의 의미입니다.

따스함과 생명력을 잃어버렸던 은희의 일상에, 영지 선생님은 특별한 사람이었고, 은희에게 언제나 열려있는 시·공간입니다. 성수대교 붕괴 사건으로 그녀를 비극적으로 상실했지만 은희에게 영지 선생님의 기억은 항상 살아있을 것입니다. 결국 우리 삶에서 이런 기억과 결부된 공간은 초월적인 충만함을 담을 수 있는데, 이것은 오직 사람을 통해서, 그러한 사람들로 이뤄진 공동체와의 인연을 통해서만 체화된다는 생각이 듭니다. 〈벌새〉의 학원은 상처받고 소외된 한국의 청소년이 가정과 학교에서 다층적으로 경험하는 폭력으로부터, 유일한 피난처로 영지 선생님을 찾아 가는 곳이기 때문에 저는 잠시나마 이것을 '신성화'된 공간으로 논할 수 있다고 여깁니다. 또한 가운데가 댕강 잘려 나간 철교는 폐허이지만, 은희에게 영지 선생님이 현존했던 학원이 그랬던 것처럼, 이제는 곁에 없지만 은희의 눈물겨운 애도 속에 언제나 살아있을 영지 선생님을 생각한다면 이제 폐허이면서도 신성화된 공간으로 자리 잡을 수 있다고 봅니다. 우리가 폭력에 휘말렸을 때, 고백과 회복, 연대를 위해 찾아갈 수 있는 사람은 누구이며, 공간은 어디인가요? 오늘날 한국의 기독교회와 기독교인들은 울며 찾아오는 사람들에게 도피성이 되어주는지, 영화를 보면서 묻게 됩니다.

일상의 폭력은 영화가 보여주듯 천민자본주의 구조적 폭력에서 기인합니다. 한국에서 왜 자본주의가 우상이 되었을까요? 우리 현대사는 식민지 해방 이후의 전쟁과 분단 급격한 근대화와 희생 어린 민주화를 거치면서 폭력적인 양상을 띠었고 이전의 가난과 고통에서 벗어나기 위해 고삐 풀린 자본주의를 등에 업었습니다. 한국에서 가장 커다란 자기동일성의 폭력을 일삼는 주체는, 귀한 생명으로 자신의 삶을 일구어야 할 사람들 위에 돈이 군림하는 자본주의라고 할 수 있습니다. 인간의 모든 소중한 관계와 가치들이 돈을 위해 희생되고 파괴되니 완전히 목적이 전도된 사회가 아닐 수 없습니다. 주님께서는 "지극히 작은 자 하나에게" 우리가 행하고 행치 아니한 것이 곧 하나님께 올려드리는 것이라고 말씀하셨습니다(마 25:40-5). 〈벌새〉의 은희가 가정과 학교에서 주변화되는 '작은 자'라면 끊임없이 영혼의 집을 찾아다녀야 하는 그녀의 소외는 사회가 건강치 못하다는 증거입니다. 탐욕은 개인의 소유와 필요에 그치는 것이 아니라 하나님보다 먼저 자기 욕망을 섬기는 영적 관계의 파탄이고, 나아가 지극히 작은 자에 대한 정의를 가볍게 짓밟을 수 있는 사회경제적 파탄이라는 이중의 경고로 들립니다. 불의에 이르는 논리가 실리가 되고 상식이 되었으며 이 흐름에서 밀려난 사람들은 소외, 배제, 실패의 '죄'를 짓는 사람으로 삶다운 삶을 압류 당하고 있습니다.

버틀러는 "모든 폭력행위 너머에는 보이지 않는 사회구조가 있으며, 각 폭력행위는 그 사회구조의 재연(표면화·재생산)"임을 논합니다(『비폭력의 힘』, 239). 미시적 인간 관계에서 폭력을 경험하게 된다면, 개인 주체를 초월하는 거시적 관점에서 폭력의 재현을 발견하는 것은 일상의 평화를 가꾸기 위해 중요한 과제가 됩니다. 상실, 절망, 불신, 트라우마, 기대고 믿을 것은 오로지 나 자신과 생계와 내 이득이라는 심리가 개인뿐 아니라 사회를 지배합니다. 신뢰와 희망이 깨어져 곧 무관심으로 확진되는 것은 국가 차원의 민족적·역사적 폭력으로부터 회복이 미흡했다는 것을 증거합니다. 이로 인한 후유증은 영화 〈벌새〉에서처럼 세대 간 갈등, 가정, 학교와 같은 일상의 폭력으로 스며들고 번집니다. 폭력이 너무나 일상화되어서 "서열화, 학벌주의, 구별 짓기, 경제적 차별, 물신주의 등을 폭력으로 인식하지 않고 있다"는 점은 우리가 폭력의 비가시적 현현이 실은 "더 근본적인 폭력… 차이성을 억압하는 동질성의 폭력"임을 놓치고 폭력의 가해자 혹은 피해자로 남기 쉽다는 점입니다(서곡숙 168-9). '에이 다 그러면서 크는 거지' 이런 반응을 들으며 우리는 자라왔는데 어쩐지 가정, 학교, 군대, 사회에서의 무차별한 폭력 앞에서만 경악을 합니다. 폭력의 가해자들을 향한 우리의 부정적인 시선, 그 이면에 도사리는 억압적인 구조와 균열된 윤리에도 우리는 함께 눈을 돌리고 있습니까?

폭력이 물리적으로 구체화되기 전에 그 근원지는 우리 마음자리임을 영화 〈벌새〉는 보여줍니다. 은희가 "폭력의 대상이면서 동시에 폭력을 응시하는 주체"로 자라나는 데는 영지 선생님과의 계속되는 대화와 소통이 중요합니다(서곡숙 175). 이 부분은 버틀러가 강조하듯 '당신이 없는 나를 말할 수 있는가, 내 안에 당신이 자리잡고 있고 당신에게도 내 얼굴, 내 신체가 인식되는 것을 서로 인정하는 과정이 나의 영혼에 물을 주고 자라게 한다'는 메시지를 반영합니다. 나를 구성하고 나의 일부인 당신과의 윤리적 관계를 쌓아가는 것만이, 나 자신에게서 유리될 수 있는, 내가 아직 모르는 타자로서의 나를 여는 문입니다. 물론 나를 깊게 이해하기 위해 개인주의적으로, 내면으로 침잠해 들어가라는 것이 아니라, 오로지 이 폭력적인 구조를 같이 살아가는 타인과의 관계, 투쟁과도 같은 끝없는 윤리적 성찰을 요청할 것입니다. 누구보다 관심과 사랑이 필요하고, 동등한 말 걸기가 필요했던 은희는 영지 선생님과의 만남으로 "오직 '너'와 연관해서만 '나'를 지시할 수 있다"는, 윤리적 존재론을 깊이 느끼고 깨달았을 것입니다(『윤리적 폭력 비판』, 58). 내가 말을 걸 누군가, 그(녀) 없이는 나의 입을 떼기조차 힘들다는 우리의 공존을 생각해 볼 때 "네 이웃을 네 몸과 같이 사랑하라"(마 22:39)는 계명이 우리 시대에도 그 의미를 더욱 빛내고 있습니다. 서로의 가시적인 차이가 아무리 크다 해도, 나란 사람의 존재는 결코 홀로 쓰일 수 없기 때문입니다.

〈헤어질 결심〉의 윤리적 폭력과 '말 거는' 사랑

··· 인정, 즉 타자의 이해를 위해서는 판단이 중단되어야 한다.
도덕적 판단만을 내리려는 사람은 상대방에 대한 우월감을 지니게 되며, 그 때문에 타자를 이해하기 위한 질문, 즉 '너는 누구인가'라는 질문을 더 이상 제기하지 않는다… 그러한 대답은 결코 완전할 수 없고 완결될 수도 없을 뿐만 아니라, 그 질문을 한 타자가 그를 완전히 이해했다며 말 걸기를 중단하는 순간 자기동일성의 윤리적 폭력이 시작될 것이기 때문이다. 반대로 '나'와 타인에 대한 앎의 한계는 나로 하여금 타자에 대해 겸손하고 관대한 자세를 취하게 할 뿐만 아니라 그를 용서할 수 있도록 만든다(정항균 81).

〈헤어질 결심〉은 윤리적 폭력 너머로 사랑에 도달하려는 타자/이방인들의 말 걸기, 그 도전과 실패, 약속에 관한 영화입니다. 형사 해준(박해일 분)은 법의 질서를 대변하는데, 영화를 보는 내내 서래(탕웨이 분)가 진정으로 이해받고 용서받았으면, 내심 바랐습니다. 서래의 개인사는 고통스럽기 짝이 없습니다. 남편은 일부러 눈에 띄지 않는 곳을 골라 폭행하고 자기 이니셜을 그녀의 몸에 문신으로 새기기까지 합니다. 부부 관계에서 이토록 심한 물리적 폭력을 경험해도 참은 것은 취약점을 잡혔기 때문입니다. 극한 상황에서 자비의 행위로서 했던 어머니의 안락사 때문에 중국 정부에서 쫓기는 것을 빌미로 그녀의 남편은 추방을 위협합니다. 젊고 아름답기 때문에 완전히 남편의 소유물로 대상화된 서래는, 한국 땅에서 정상적인 삶을 영위하며 치유나 용서를 경험할 기회를 철저히 부인당하다 해준과 조우하는 것입니다.

버틀러의 '윤리적 폭력'은 궁극적으로 비폭력의 윤리를 실천하기 위한 개념입니다. 그녀는 상호의존적 유대와 연대를 강조한 만큼이나 우리 안에 잠재해 있는 파괴성, 공격 욕동을 진지하게 관찰합니다. 우리의 사회적 유대관계를 맺고 끊게 하는 힘, 강렬한 사랑의 힘만큼이나 분리와 죽음충동을 넘나드는 파괴성이 인간의 복잡한 심리 안에 깊이 내재되어 있습니다. 현대 정신분석학의 창시자로 불리는 지그문트 프로이트(1856-1939)는 로마의 희극작가 플라우투스의 격언을 통해 인간의 폭력성을 고발하였습니다: "인간은 다른 인간에게 늑대이다(Homo homini lupus)"(『문명 속의 불만』, 114). 영화 〈헤어질 결심〉은 프로이트의 경고가 근 백 년이 지난 이후 한국의 정황에서 아직도 유효함을 여실히 보여주고 있습니다. 여성을 향한 야만적인 폭력에 폭력으로 화답하며 시작한 영화 〈헤어질 결심〉에서 서래의 가슴 아픈 마지막 선택이 많은 관객들과 평론가들을 먹먹하게 했습니다.

해준에게는 끝나지 않을 사랑으로서의 '미결사건'으로 남겠지만, 바다에 스스로를 묻기 전부터 그녀의 삶은 이미 안정된 미래에 대한 희망 없이, 파도에 쓸리는 존재가 아니었는지 돌아봅니다. 연인 간의 강렬한 사랑이 서사의 중심에 자리잡고 있기에 조선족인 서래의 죽음은, 이룰 수 없는 사랑을 앞둔 그녀의 주체적인 선택으로 대개 읽혀지고 있습니다. 하지만 조금 다른 관점에서 서래를 바라보면서, 그녀가 이미 소외된 조선족인데다 법 앞에서 살인자로 더 이상 한국에서 정상적인 삶을 영위할 가능성이 배제되었음에 주목해야 합니다: "그 열린 미래가 없다면, 그 삶은 아직 죽지 않은 것일 뿐 살아 있는 것은 아니다"(『비폭력의 힘』, 133). 인간의 상호의존을 비폭력 윤리의 중심에 두는 버틀러는, '자기'를 세상의 중심에 두는 사고가 불평등을 고수하는 무수한 '자기들'의 배타적인 자기방어로 표출되기 일쑤이며 이 '자기'

의 테두리 바깥에 있는 불행하고 불안정한 사람들에 대한 폭력으로 탈바꿈한다고 주장합니다. 이 시점에서 윤리적 폭력은 타인의 삶에서 생명을 지속할, 죽은 뒤에도 사람답게 "애도"받을 가치를 파괴하는, 파괴적인 법적·정치적·제도적·물리적 폭력으로 점차 확장됩니다(31-9). 아무리 강인한 사람이라도 삶을 지탱할 수 없을 정도의 폭력에 직면하면, 한계를 느끼기 마련이며 스러지고 무너질 수 있습니다. 서래는 엄마를 돌보기 위해 간호사가 되었지만, 고통받는 엄마를 자기 손으로 안락사시켰고 한국에서는 폭력적인 배우자들에게 연이어 복수함으로써, 결국 해준 이외의 모든 유대관계를 스스로 파괴하게 됩니다. 그녀의 사회적 위치를 고려해 볼 때 선택의 여지가 많지 않아 보입니다. 서래를 죽음으로 몰고 간 주변, 사회의 구조 자체가 이미 폭력에 물들어 있습니다.

"애도가치를 지닌 생명과 그렇지 않은 생명"을 구분한다면, 영화에 드러난 한국 사회의 '자기' 됨에 결코 포섭될 수 없던, 차별받고 내몰리는, 대한민국 법의 보호 권역 밖의 한 이주자·소수자인 조선족 여성이 회복과 용서의 가능성을 잃고 기어이 폭력의 희생자가 된 사건으로 그녀의 선택을 읽어낼 수 있습니다(185). 우리나라가 세계로 뻗어가는 시점에서 아직도 97%의 단일민족 국가라는 점을 고려하면, 이 단일민족주의를 기반으로 하는 문화 또한 외국인 노동자, 결혼이민자들의 유입을 통해 새로운 유형의 폭력과 착취를 생산했으며 영화 속 서래의 삶과 죽음도 이런 동일성의 폭력을 고려해야만 온전히 이해할 수 있습니다. 세계 초강국으로 부상한 중국의 여성·중국 문화의 한국 내에서의 위상도 영화가 그들을 어떻게 그리는지에 따라 가늠해볼 수 있습니다. 영화의 분석이 "시대의 욕망과 정체성을 파악"(성석환, 189) 하는 매개라면 영화를 통해 우리가 무의식적으로 누구를 드높이고 누구를 낮추는지, 어떠한 편견과 차별이 소개되는지 주의를 요합니다. 물론 영화는 서래의 불행한 개인사를 비칠 뿐 그녀를 판단하지 않습니다. 그녀는 해준과의 관계에서 만큼은 진취적이고 주체적인 면이 돋보이며, 주변의 생명을 돌보며 사랑에 도전하는 여주인공입니다. 우리도 잠시 정죄의 프리즘을 내려놓고, 한국말이 서툴러도 사랑과 행복을 꿈꿨던, 외조부로부터 한국의 뿌리를 이어받은 한 여인의 고된 삶을 생각해 보았으면 합니다. 아픔을 터놓고 연대할 수 있는 사람이 주변에 있었다면, 윤리적인 주체들이 말을 걸어주었다면 그녀는 더 바람직하게 살 이유, 살 가치를 발견해 완전히 다른 결말을 상상할 수도 있지 않았을까요?

〈헤어질 결심〉 또한 〈벌새〉처럼 명장면과 명대사를 고르기 힘들 정도로, 신선한 충격을 주는 영화입니다. 인공지능 번역기가 한국인 형사와 중국인 여성을 오가며 마음을 전하는 작품은 한국 스크린 역사상 최초가 아닐지 싶습니다. 자신을 미행하는 해준을 의식하듯 서래는 고양이에게 이렇게 이야기합니다: "또 까마귀야? 내가 너한테 밥 준다고? 그럼 됐어. 나한테 선물을 꼭 하고 싶다면, 그 친절한 형사의 심장을 가져다주세요. 난 좀 갖고 싶네"(32:43-32:51). 여기서부터 서래의 마음을 감지하고 자기 감정 또한 드러내기 시작한 해준은 왜 자기 심장을 원하느냐고 나중에 묻지만, 서래는 해준의 "마음"을 갖고 싶다고 했음이 드러납니다(53:40-54:05). 서래는 사전을 참고하고 한국 드라마에 몰입하여 한국어를 열심히 공부합니다. 그래서 한국어로 해준과 대화할 때 큰 불편이 없을 뿐 아니라 드라마에서 배운 대사로 그에게 되받아치기도 합니다. 반면, 서래가 중국어로 자기 마음을 이야기하고 싶을 때, 해준은 인공지능 음성 번역이 있어야 서래를 이해할 수 있습니다. 나와 내 언어조차도 사회로부터 주어진 것이지 완전히 '내 것'은 아니라는 깨달음은, 한국어를 모국어로 말할 수 없는 서래에게 더 절절합니다. 언어 천재가 아니고서야 모국어가 아닌 환경에 노출되어 있으면 자신감도 떨어지고 무지를 인정하며 말뜻을 되물을 수밖에 없습니다. 윤리적 주체인 우리의 성찰, 욕망과 의지의 문제 또한 우리가 쓰는 말과 말 걸기의 윤리에 투영될 수밖에 없습니다. 외국어는 주체가 자신의 타자됨을 각성하게 합니다.

> 서래는 소통의 실패를 전제하기 때문에 더 정확하게 말하려 하
> 고 타자의 언어를 이해하려 노력한다. 그녀는 자신에 대한 설
> 명이 실패할 것을 알기 때문에 자신과 타자의 언어에 더 민감
> 하다. 스스로 무지하고 취약하다고 판단하기 때문에 상대적으
> 로 더 윤리적인 존재가 되는 것이다 (한귀은, 364)

위에서 이 영화를 타자/이방인들의 윤리적 말 걸기에 관한 서사라고 했습니다. 미결 사건이 치정 사건으로 드러났을 때, 범인 홍산오와도 해준은 대화를 하면서 '나도 좋아하는 여자가 있어'라고 고백합니다. 옥상 위에서 산오와 해준의 대화는 형사가 쫓는 자를 취조하는 대목이라기보다는 남자 대 남자끼리 자기가 진심으로 사랑하는 사람에 대해서 '말 걸기'가 이루어지는 장면이라고 봅니다(48:28-49:34). 해준이

피의자들을 모욕하지 않고 공감하며 사람답게 대우하는 모습은 인상적입니다. 이런 모습은 그의 직속 후배인 수완이 피의자들을 위압적으로 취조하는 모습과 무척 대비됩니다. 해준은 그의 품위가 자부심에서 나온다고 했지만(1:14:04), 관객으로서 제가 보기에 그의 품위는 타자를 품위 있게 대하는 데서 우러나왔습니다. 아무리 형사로서 그의 대화법이 본인의 직무를 수행하기 위한 도구적·기술적인 측면을 포함한다 하더라도 그의 '말 걸기'는 다른 사람에게 열려 있고자 하는 해준의 윤리를 반영합니다.

서래 또한 노약자를 극진히 돌보는 사람으로, '범죄자' 혹은 '피의자'라는 낙인으로 단순하게 규정할 수 없는 돌봄의 윤리를 실천하는 사람입니다. 그녀가 단지 직업으로서의 돌봄을 수행하는 사람이라고는 볼 수 없습니다. 서래는 더구나 해준의 명예를 지키기 위해 다시 피의자가 됩니다. 그녀는 해준을 대할 때, 월요일마다 간병하는 할머니, 길고양이를 돌보는 모습에서 따스한 인간미를 보여줍니다. 자기 자신을 학대하거나 타인에게 무분별한 공격성을 표출하지도 않습니다. 간호사였고 요양보호사로 일하는 서래는 생명의 존엄을 중히 여기는 사람이지만, 한국 사회·가정에서 자기의 존엄을 빼앗길 위기에 봉착하기 때문에 극단적인 선택으로 '내몰립니다.' 반면 삶 자체가 워낙 위태롭고 더 이상 잃을 것도 없는 처지가 되어서인지, 피의자로서 해준을 대할 때도 도리어 당당하고 유머를 즐길 줄 알며 순간의 행복과 슬픔, 심지어 죽음도 '향유'할 수 있는 면모 또한 빛냅니다. 이런 사람의 일상이 파괴될 수 있다는 게 그 사회의 폭력성을 말해줍니다.

해준은 사건을 종결하고 그녀와 함께 나간 사찰에서 이렇게 말합니

다: '서래씨가 나하고 같은 종족이란 거, 진작에 알았어요.'(56:24) 나와 비슷해서, 같은 점이 많아서 강렬한 우의와 연대를 '자동적으로' 형성하는 경우가 있습니다. 하지만 시간이 지나 그 동질성을 구성하던 것이 이질적으로 변모하고, 동일성의 이상에 흠집이 나면 더 이상 관계가 가능하지 않게 됩니다. 해준도 서래의 이질성에 끌리고, 그녀를 있는 그대로 받아들이려 하지만 그는 이 마음조차도 오랫동안 부인합니다. 결국 서래가 범인임이 드러나면서 자기와 동일한 상징계에 설 수 있는 사람이 아님이 판명되자 곧바로 자기의 '붕괴'와 이별을 선언합니다. 영화의 끝에 다가설 때쯤 서래의 사랑의 진실성과 깊이를 깨달으면서 다시 그의 말 걸기가 시작되지만, 해준의 현실에서 '같은 종족'으로서, '자기' 반열에 설 수 없는 사람과의 사랑은, 좌절됩니다. 프로이트는 이렇게 썼습니다: "만약 내가 타인을 사랑한다면 그는 어떤 식으로든 그럴 만한 자격이 있어야 한다…나는 그 사람 속에 있는 내 자신을 사랑할 수 있으므로, 그는 사랑받을 만하다‥그러나 만약 그가 낯선 사람이고, 또 그 자신 스스로의 가치나 그가 나의 정서적 삶에서 갖는 중요성의 차원에서 내게 매력적이지 않다면 그를 사랑하기란 어렵다"(『문명 속의 불만』, 111). 인간적인 사랑의 가능성에 대한 너무나 인간적이고, 진솔하고 날카로운 직관입니다.

"왜 경찰을 안 믿어요?" - 해준(1:11:12)

서래의 범행을 확인한 순간 해준은 이렇게 화를 냅니다. 그는 범행 증거물인 핸드폰을 버리라고 하며 돌아서지만, 그가 진정한 의미에서 서래를 용서한 것은 아닙니다. 그녀의 범죄를 덮어주는 대신, 믿음이 깨져서 파탄난 관계를 회복시키지 않고 그대로 떠납니다. 해준이 소통의 기회를 저버리기로 결심하기 때문에 서래는 다시 한국 땅에서 고립된 신세가 되며 다른 방식으로 자기를 핍박하고 이용하는 사기꾼과 재혼합니다. 두 번째 살인사건이 터지자 서래를 피의자로 서둘러 지목하는 해준의 모습을, 관객의 입장에서 괜히 복잡하고 답답한 마음으로 바라볼 수밖에 없습니다. 평범한 한국사람이, 그것도 윤리와 법에 대한 강렬한 인식을 지닌, 자부심 강한 엘리트 경찰이 이렇게 반응하는 것도 이해가 가기에 안타깝습니다. 왜 서래는 해준에게 처음부터 솔직할 수 없었을까요? 해준이 원했듯 서래가 남편을 폭행죄로 '적법하게' 경찰에 고발했다면, 경찰은 서래가 어머니를 살해한 죄로 중국정부에서 쫓기는 신세임을 알아챌 것이고, 반중 정서, 이 사실을 아는 공무원인 남편의 권위와 법이 얽혀 불법체류 이민자로 추방당했을 것입니다. 해준은 자신이 구현하고자 하는 경찰=법=정의의 이상에 따라 적법하게 처벌할 수 있는 사람들을 폭력의 가해자로 구속하는 것이 직업입니다. 그 이상을 떠받드는 처절한 현실 아래 더 큰 폭력의 희생자들이 재생산되고 가해자로 탈바꿈하는 것임을 그는 알지도 모릅니다. 그러나 해준은, 법을 지키는 사람 입장에서, 자부심을 가진 엘리트 형사로서, 이미 법의 세계를 거스른 서래와 더 이상 말을 섞을 수가 없습니다. 소외되고 배제된 개인에게 '자기'가 상징하는 세계와 구조가 행할 수 있는 폭력의 가능성은 상상할 수 없는 것입니다. 법과 계속해서 어긋날 수밖에 없는, 소외와 배제의 감옥에서 살아온 서래와 완전히 공감할 수가 없습니다.

서래가 범인으로 판명된 이상 더 이상 해준은 서래와 대화할 수 있
는 사람이 아니라 일방적 독백에 가까운, "선고행위"로서의 "발화행
위" 즉 '합법적이지만 폭력적인' 소통의 방식으로 일관합니다(『비폭력
의 힘』, 169). 엄연히 법 정의를 수행하는 본인이 감당할 수 있는 이해
나 용서의 한계를 넘어섰기에, 서래와의 관계는 회복할 수 없을 정도
로, 그의 자부심과 함께 무너지고 깨어진 것입니다. 말 걸기가 "언제
나 비대칭"이라는 점을 인지하더라도, 이미 해준이 서래를 자기가 "만
만해서 이용한 것"으로 단정하고 그녀를 쏘아붙이고 다그칠 때 신뢰가
깨어진 사람 사이에서 언어가 폭력의 도구로 변모하는 윤리적 폭력의
장을 봅니다. 그러나 우리가 서래를—해준이 보듯—피의자로 낙인찍
어 보는 것이 아니라, 오해를 풀려는 연인으로 본다면, 모든 면에서 해
준을 배려하고 위하는 서래의 행동과 질문, 대답에서 폭력을 폭력으로
갚지 않는, 사랑의 윤리를 발견할 수 있습니다('우리 일을 그렇게 말하
지 말아요. // 당신… 생각났어요. 당신이 와서 이걸 볼 텐데. 당신이 무
서워할 텐데. // 내 잠을 빼주고 싶네요. 건전지처럼.').

해준이 서래와의 불가능한 소통과 사랑에 '붕괴'하는 과정을 바라보
며 한국인이 겹겹의 폭력적인 질서를 극복하고 넘어서는 것이 얼마나
어려운지 깨닫게 됩니다. 그러나 영화는 자기동일성의 '붕괴'가 비극에
그치지 않고 곧 "타자를 타자로서 경험할 수 있게 하고, 자신을 나르시
시즘의 지옥에서 해방"시키는 구원임을 암시합니다(한귀은, 382). 형
사와 피의자, 한국인과 중국인 사이라는 극화된 정황에도 불구하고 서
래와 해준이 서로의 다름을 끌어안고 소통하려 애쓰는 모습은 평화로
향하는 윤리적 말 걸기의 험난한 여정을 보여줍니다. 범행 증거인 핸

드폰을 버리라고 했는데 결국 자기를 바다에 묻는 서래의 사랑은 해준이 자기 때문에 붕괴되거나 형사로서의 자부심을 잃지 않도록, "타자를 위해 자신을 소멸시킬 수도 있는 사랑"으로 귀결됩니다(355). 보통 우리는 삶을 보존하고 어떤 방식의 고통이나 죽음을 피하려고 하지만 서래는 이미 해준의 "미결사건"이 되고자 결심했으므로(1:53:47) 이를 파괴적인 상실로만 볼 수는 없습니다. 도리어 진정한 사랑은 죽음이 종결시키는 것이 아니라 죽음 너머로의 향유, 그리고 전환점을 가져올 수 있음을 영화는 보여줍니다.

서래가 해준을 상실한 게 아니듯이 해준 또한 삶과 사랑의 양가성, 타자의 부정성을 한몸에 끌어안는 경험을 통해 변해왔고, 또 변할 것입니다. 재독 한인 철학자 한병철은 『에로스의 종말』(2015)에서, 진정한 사랑의 의미는 나와 완전히 다르고 예측할 수 없는, 상처와 고뇌를 입혀 동일자로서의 나의 세계를 중단시키는 타자의 "부정성"에서 찾을 수 있다고 합니다. 또한 "완전히 다른 삶의 형식" 그리고 더 정의로운 질서, 다른 사회와 세계에 대한 욕망과 희망은 나의 세계를 초월하는, 정말로 다른 누군가를 사랑할 때와 마찬가지로 우리의 삶에 역동성과 생동감을 부여합니다(85-94). 비록 경찰로서 자부심에 결정타를 날린 '붕괴'라는 단어를 해준이 부정적으로 내뱉었다 해도, 서래와의 만남을 통해 그가 자기동일성의 대척점에 흐르는, 완전히 다른 사랑에 도전했으며, 지금껏 자기를 규정해 왔던 정체성을 재해석하고 이로부터 자유로워질 수 있는 가능성을 얻었다고 생각합니다. 우리 존재에 획기적인 전환을 불러오는, 우리 내면이 전혀 몰랐던 타자와의 만남, 말 걸기를 통해 자기동일성은 해체되며 우리의 무너지고 깨어짐은 윤리적 관계를 형성해 나갑니다. 서래의 떠남이 아주 떠남이 아닌 것은 그의 경찰로서의 윤리 또한 그녀의 존재로 인해 새로운 차원으로 거듭날 수 있기 때문입니다. 서래의 존재는 그의 지위가 상징하는 법의 체계와 폭력의 세계에 대한 새로운 성찰을 불러올 것이며, 그녀로 인해 해준은 더 윤리적인 말 걸기를 시도할 것입니다. 폭력의 주체와 피해자가 외국인일 때 그는 더 공감하려 노력할 것이고, "박탈의 기억"에 고통받는 "난민의 조건을 향해 시간과 맥락을 횡단하면서 방향을 틀어 나가도록" 자발적으로 도울지도 모릅니다(『지상에서』, 242). 영화는 바다에서 서래를 찾아 헤매는 그와 함께 끝이 납니다. 친절하고 품위 있는, 사람다운 해준의 정의감과 그의 윤리적 미래는 이 정처 없는 헤맴에서 비로소 시작된다고 할 수 있습니다.

> 관계성은 주체의 단일한 성격, 주체의 자기동일성, 주체의 일의성을 '방해'하거나 그것에 도전하는 관계성이다. 곧 주체를 세계의 중심에서 탈구시키는 뭔가가 '주체'에게 일어난다. 다른 어딘가에서 온 어떤 요구가 나에 대한 권리를 주장하고, 나에게 자신을 강요하고, 심지어 나를 안쪽에서부터 쪼개는데, 오직 이러한 나 자신임의 쪼개기를 통해서만 나는 다른 이와 관계 맺을 가능성을 갖는다. (버틀러, 『지상에서 함께 산다는 것』, 23)

 국가와 사회가 서민들로 하여금, 법과 윤리를 지키는 것은 어렵고, 위반과 처벌이 더 쉽도록 부추긴다면, 우리는 폭력을 여기서도 감지해야

합니다. 정체성이 다른 사람들을 배타적으로만 바라보는 문화적 적대
성이 또한 법에 영향을 미치고 있다면 여기서도 우리는 폭력의 구조를
성찰해야 합니다. 정의 실현에 사랑의 윤리를 '더한다'기보다는 오히려
사랑과 '은총'이 바탕이 되지 않고서는, 그 구조를 대하는 민(民)이 주
체로 거듭날 희망과 가능성을 박탈당하고, 판단과 처벌의 객체로 전락
하는, 억압의 기제가 되기 십상입니다. 하나님 나라를 선포하시며 동
시대인들의 죄와 계명, 법적 구속으로부터 사람들을 치유하고 해방하
신 예수 그리스도의 현존을 기억해 봅니다. 예수께서는 "생명 없는 죄
로 법적 주체에게 족쇄를 채우는 실정법 체계"(『지상에서』, 163)를 거
침없이 비판하리라 믿습니다. 〈헤어질 결심〉에서 해준과 서래의 만남
은, 윤리적 폭력이 추상적인 개념이 아니라, 우리가 무비판적으로 동
일시하는 구조적 체계의 폭력임을, 두 타자의 관계를 통해 내비치고
있습니다. 폭력과 법 사이에, 중국어와 한국어로 엮일 수도 건널 수도
없는 장벽을 넘어서 서래와 해준이 서로를 사람답게 대우하는 모습이
사랑의 윤리, 윤리적인 사랑을 대변한다고 봅니다.

> 적법과 불법의 기준이 되는 법 자체에 대한 성찰과 반성의 공
> 간은 거의 제공하지 않는다… 사랑은 이미 관용과 환대의 지점
> 을 넘어선다.. 사랑은 자신과 반대되고 대적하며 이질적인 적
> 이라는 존재에 대해 용서를 수행한다.. "인간의 존엄성"은 개
> 념에 의해 현실화하지 않는다. "인간의 존엄성"은 구체적인 한
> 인격에 대한 지속적인 믿음 속에서 비로소 실현된다. 왜냐하면
> 범죄자는 적이 아니라 여전히 인간의 존엄성을 지닌 사람이자

시민이기 때문이다(『용서와 화해 그리고 치유』, 204-5).

사랑의 윤리가 부재하는 곳에 폭력이 터져 나오는 것은 어쩌면 당연한 귀결인 듯합니다. 오늘날의 자본주의적 해결방식은 종교를 막론하고 보상, 처벌에 치중하는 구조로 치닫고 있기에 사람 사이의 관계를 잇고 회복하는 윤리적인 정의에까지는 미치지 못합니다. 구약 시대 희생 제의가 하나님과 백성, 그의 백성들 사이의 '언약' 관계를 확증하고 회복함을 상징한다고 할 때, 세속화된 우리 사회에서 여전히 사람들의 마음을 감동시키는 사람들은 불가능하다고 여겨지는 속죄와 용서를 통해 평화를 이루려는, 그런 이들이 아닐지 생각해 봅니다. 타인을 존엄히 여기는 사람과의 만남과 대화는 그리스도의 신성, 사랑의 본질과 맞닿아 있습니다.

예수님의 말 걸기

우리 마음을 숙연하게도 먹먹하게도 하는 사람들과의 '만남'은 예수님의 사역에도 빈번이 등장합니다. 남에게 물리적 폭력을 행사한 일이 없는데도, 그 존재만으로도 폭력의 피해자가 된 사람들이 있습니다. 사회에서 '왕따' 신세라고 하기에도 너무 처참한, 제의에 따라 '저주'받은 자로, 죄인으로 낙인찍힌 사람들 말입니다. 주님의 사역은 이런 사람들과의 감동적인 만남, 회복과 치유의 행진입니다. 성서에서 이방인이 긍정적이고 능동적인 모델로 제시되는 사례가 있습니다. 수로보니게 여인(막 7:24-9)은 딸을 치유해달라고 예수께 청했으나, 단박에 '자녀의 떡을 취하여 개들에게 던짐이 마땅치 아니하니라'는 답을 듣습니다. 기껏 찾아왔는데 절박한 엄마의 입장에서 이를 굉장한 모욕으로 받고 뒤돌아섰을 수도 있습니다. 그러나 여인은 딸에 대한 사랑이 너무나 크고, 그녀 앞에 계신 예수님께 '말 걸기'를 지속해야만 딸을 살릴 수 있다고 믿기에, 그만큼 큰 믿음으로 '말대꾸'를 합니다: "주여 옳소이다마는 상 아래 개들도 아이들이 먹던 부스러기를 먹나이다"(28절). 〈헤어질 결심〉에서도 이와 비슷한 장면이 나옵니다. 해준의 계속되는 힐난을 비난으로 되받아치지 않고 사랑을 지키면서, 실패할 것을 알면서도 말 걸기를 지속하는 서래의 '대꾸'가 생각납니다: "상처를 입히는 말에 대해 상처를 재실행하지 않고서 그 상처를 되풀이하지 않는 것, 이를 재맥락화하는 것이 폭력에 대한 저항"임이 그녀의 서투른, 그러나 끊이지 않는 한국말에서 나타납니다(한귀은, 366). 사랑하고 믿는 사람과는 아무리 상처를 주고받아도 말을 끊을 수는 없는 모양입니다.

 사마리아 나병환자의 감사 또한 주목할 만합니다. 그는 주님께서 치유한 열 명의 나병환자 중 유일하게 다시 돌아와 하나님께 영광을 돌리고 발 아래 엎드려 감사한 사람입니다(눅 17:11-6). 저는 어렸을 때부터 이 대목이 항상 궁금했습니다. 왜 사마리아 사람만 돌아왔을까요? 그리고 왜 복음서는 거듭 그가 이방인임을 강조했을까요? 그야말로 평생 뼛속까지 파고들었을 법한 "인종적이고 종교적인 이중적 배제의 경험"이 예수님과의 만남으로 자비와 치유의 경험으로 전환되었기 때문이 아닐까요?(『전쟁 넘어 평화』, 162) 나머지 아홉 사람은 유대 백성으로 이제 제사장에게 가서 깨끗해진 몸을 보이기만 하면, 기존의 질서에서 정상적인 삶을 누릴 수 있을 것입니다. 그러나 사마리아인은 그들과 같은 삶으로 복귀할 수도 없으며 예수님의 치유를 변혁적인 새

삶으로 경험했을 것입니다. 이방인을 대표하는 상징적인 인물, 그토록 유대인들이 환멸하는 사마리아인들은, 유대를 침략했던 제국의 직계 후손들로만 구성된 이방인 중의 이방인은 아닙니다. 오히려 이스라엘 왕국 시대까지는 동족에 가까웠던 사람들입니다. 이들이 앗시리아 제국 정책의 일환으로 강제 혼합·이주를 겪은데다 나중에는 헬라문화를 받아들여 독립과 해방을 꿈꿨던 유대민족으로부터 대대로 증오를 사게 됩니다. 하지만 성서의 족보를 따지면 엄연히 에브라임과 므낫세의 자손들이며 지정학적으로는 남유다왕국을 바로 앞에 마주했던 북'이스라엘'의 다민족·다문화 계층이었던 것입니다. 가장 가까운 이들이 철천지 원수라니, 동아시아 인접 국가들과 지독하게 고통스럽고도 불편한 역사를 공유하는 우리나라의 복잡한 문화적 시선, 외국인과 이주자, 소수자를 향한 증오와 악마화를 돌아보게 하는 인구군입니다.

한국 사회에서 누가 수로보니게 여인이며, 어떤 이가 사마리아 나병 환자의 처지에 처해 있을까요? 〈헤어질 결심〉의 서래를 생각하지 않을 수 없습니다. 북한 이탈주민, 이주노동자와 결혼이민자가 증가하는 이 시점에서 인종적·민족적 차이와 함께 문화적·종교적 정체성 또한 현대 한민족의 문화나 한국 기독교회·한국 문화에 '이질적'으로 다가오는 사람들과의 윤리적 관계 정립은 갈수록 중요해지는 과제입니다. 예수님께서 선한 사마리아인 이야기를 통해 유대인들이 멸시하고 천시했던 사마리아인을 참된 이웃으로 드높이셨던 것처럼, 우리의 자부심이 부지불식간에 이 땅의 외국인과 나그네를 차별하는 현실을 비판해야 합니다. 또한 "전통적 적대감에 길들어온 종족 간에서 불가능하다고 여겨졌을 사랑의 베풂"을, "모든 인간에게 담긴 하나님의 무조건적 사랑.., 원수까지도 사랑하는 하나님 사랑의 보편적 실현 가능성"을 몸소 실천해야 합니다(김기흥 2016, 223). 성서의 정신을 계승하되 성찰적이고 비판적인 읽기가 요청됩니다. 우리가 배척하지만 실은 이웃이 될 사람들을 위한 상상력도 필요합니다. 2000년 전의 역사적 정황을 오늘날 한국의 폭력과 평화 구조에 아무런 변화, 접목 없이 반영한다는 것은 시대가 요청하는 개방성과 대화의 요점을 놓치는 일일뿐더러, 깊고 넓은 환대를 실현하는데 어려움을 초래할 수 있습니다. 예수님의 파격적이고 비상식적인 '용서'는, 개념화시키기 이전에, 예수님과 맞닥뜨렸던, 그에게 치유받고 용서받았던 이들의 일생에는 파장이 일어났다는, "사건 중심의 신학"으로, 전환적인 인격적 만남으로 기억해야 합니다(강응섭 2014, 342).

치유, 해방, 평화, 사랑 모두 인격적인 만남 없이 형이상학적 측면에 머물 때 공허한 개념이 될 수 있습니다. 예수님께서 치유 사역을 속죄 선언과 맞물리게 하신 데는 울부짖는 자들의 신체적·정신적·감정적·사회적 차원의 소외를 꿰뚫어 본 지혜와 감수성, 그들에 대한 사랑 때문이었을 것입니다. 오늘날 병원이나 법정에 영적 의미의 죄 사함을 받으러 가는 사람은 없습니다. 한편 치료나 도움을 요청하러 갔다가 따뜻한 친절로 인해 감사와 회개의 눈물을 흘렸노라고, 보았다고 하는 일도 드뭅니다. 인간 삶의 복잡다단하고 상호의존적 조건을 고려해볼 때 환자들이나 법정에 선 원고·피고 또한 문제의 적절하고 적법한 해결에 이르는 '객관적인' 길을 넘어서 '주관적인' 치유, 회복, 참으로 이해받았다고 하는 내면의 위로와 울림을 필요로 할 것입니다. 전인적인 치유를 통해, 관계의 평화를 통해 보다 넓은 공동체의 윤리적인 삶으로 연결되기를 거부할 사람은 없습니다. 예수 그리스도께서는 타고난 민(民)을 향한 사랑으로, 처벌의 기준이 되는 세속적 법의 질서뿐만 아니라 그 이면의 인종적, 사회적, 문화적, 계율적 '죄'의 질서에서 자유롭지 못한 이들의 상처를 어루만져 주시고 회복시켜 주셨습니다.

주님을 따르는 대신 우리는 혹시 돌을 들고 있지 않습니까? '죄 없는 자가 돌로 치라'는 예수님의 명언은 죄와 폭력의 구조가 우리 '바깥'에, 우리가 정죄하는 특정인, 바로 그 범법자에게만 미치는 것이 아니라 우리 "안에 잠재해 있는 파괴성"임을 꼬집으신 게 아닐까요?(『비폭력의 힘』, 220) 더욱이 예수께서는 세리와 죄인들과 어울리며 "나는 의인을 부르러 온 것이 아니요 죄인을 부르러 왔노라"고 하셨습니다 (마 9:10-3). 우리 식으로 풀자면, "예수님은 빚을 탕감해 주시는 분이시기에, 죄를 용서해 주시는 분이시기에… 언제나 질이 좋지 않은 친구를 둔 분"이셨다고 해야 합니다. 치유, 정의, 공감, 사랑이 너무나 필요한 이웃들, 우리는 이들이 힘을 내어 평안히 가도록 돕고 있습니까? 범'죄'는 고사하고 외모나 옷차림이 남루한 사람과도 말을 섞지 않는 것이 요즘 우리 문화입니다. 내 일, 내 돈, 내 가족 모두 너무나 소중하지만 우리에게 이 테두리 바깥의 타자를 인정하고 배려하려는 공간이 있는지, 잠시 멈춰서 "당신은… 누구십니까?"하고 진정으로 묻고 궁금해하는 열린 마음이 있는지 함께 고민하고 연대할 수 있으면 좋겠습니다. 우리가 이들의 삶에 관심을 기울이는 것은 우리가 주님을 따르며 그분께 평안을 빚지고 있기 때문입니다(강응섭, 350-1).

물론 용서하거나 이해하지 않으려는 아집의 저항이 생각보다 힘이 '세다'는 현실과 맞닥뜨립니다. 그래서 이 말씀은 아직도 신선한 도전

입니다: "너희는 유대인이나 헬라인이나 종이나 자유인이나 남자나 여자나 다 그리스도 예수 안에서 하나이니라"(갈 3:28). 사도 바울은 국제 교회 개척의 선구자로서 에베소서 2장을 평화의 메시지로 할애했습니다. 평화를 이처럼 간곡히 부탁했음은 에베소 교회의 반목을 전제하는 것으로, 바울은 예수 그리스도의 은혜 없이는 "범죄와 죄로 죽었던 사람들"이며 "진노의 자식"이었다고 서두를 뗍니다(엡 2:1-3). 이 서신이 비유태계 그리스도인을 향해 쓰였고, 할례와 이스라엘 시민권(2:11-12)이 거론되는 것으로 보아 에베소 교회에서 그들이 모질게 차별을 받았거나, 차별을 내면화해서 그들이 결코 유태계 그리스도인들과 동등한 자격을 갖지 못하리라고 열등의식을 가졌음이 분명합니다. 윤리적 폭력이 '자기'동일성을 강요하는 폭력이라면, 그리스도 안에서 '하나'가 되라는 가르침을 이어받던 초대교회 공동체의 딜레마 또한 오늘의 우리에게 전하는 바가 큽니다. 유대인과 이방인의 좁힐래야 좁힐 수 없는 정체성의 차이를 양측이 자기동일성의 논리로 밀어붙이면서 갈등과 반목을 피할 수 없었을 것입니다. 에베소 교회의 사정이 딱 그랬던 것 같습니다. 민족적 정체성이 구원의 문제와 직결되어 중시되던 시대에 이는 초기 교회 공동체에서 차별의 조건으로 불거져나올 수밖에 없습니다. 평화를 체현해야 할 공동체 안팎으로 자기중심적인 실천들이 강행되고, 결국 타자를 소외시키고 심지어 억압하는 폭력의 악순환이 일어날 수 있습니다. 기독인이 교회 공동체의 권위를 내세워서 "자신의 신앙적·윤리적 기준을 세워놓고 그에 부합하는 태도와 행동을 제안, 강요하며 가르치려"는 우월의식이야말로 윤리적 폭력의 대표적인 예로 볼 수 있습니다(『남겨진 자들의 신학』, 125).

한국 사회, 우리 지역교회 안에 에베소 교회와 같은 태생적·문화적 갈등이 두드러지지 않는다 할지라도, 교회 안에서 집안, 재산, 교회 안에서의 권위와 서열을 내세워 불평등을 초래하는 일이 얼마나 많습니까? 세상에서 갖은 슬픔을 딛고 교회에서 주님을 만나고 위로받고자 하는 영혼들이 더 큰 상처를 받고 실망하여 교회를 떠나는 일도 부지기수입니다. 고통 받는 누군가를 도우려는 좋은 의도 자체를 비판하는 것이 아니라 그 의도를 받아들이는 이와의 깊은 관계성 안에서, 겸손히 공감하려는 태도가 중요하다는 것입니다. 우리의 역사야말로 선교와 순교, 핍박과 해방의 부침을 통해 급속도로 오늘의 성장에 이르렀기에, 과연 그 이면에서 교회 공동체와 사회를 분열의 위험으로 몰아넣고 있는 파괴적인 자기―동일성의 폭력을 숙고해야 합니다. 그리스도 안에서 '하나'가 되라는 사도 바울의 요청은 우리더러 일사불란하게 군사의례를 맞추듯 차이를 상실한 로봇이 되라는 것이 아닙니다. 이런 식의 몰개성적이고 무의지적인 통일성은 오히려 윤리적 폭력의 비판 대상입니다. 유태인과 이방인들이 처음부터 사이좋게 '자동적으로' 하나님의 나라를 건설해 나갔다면, 그리스도 예수의 사랑과 평화 안에서 연대하는 공동체를 함께 세우라는 에베소서의 간구 또한 전해지지 않았을 것입니다.

나가면서

국제 무대에서 빛난 두 한국 영화를 통해 '당신은 누구신지' 더 이상 묻지 않는 개인과 사회의 자기동일성이 결국 윤리적 폭력을 낳는다는 점을 짚어보았습니다. 내게 타인인 한 사람을 "이해"하고 "인정"하려는 노력이 완전히 결여되고 묵살되는 윤리적 폭력의 틀 안에서 언어적·물리적·법적·신학적 폭력이 파괴적으로 분출될 수 있음을 배웠습니다. 윤리적 폭력이 기독인에게 시사하는 바는 큽니다. 진정한 영적 각성이 통한과 회개에서 나온다는 점에서, 기독교윤리는 자기중심성을 하나님 앞에 겸허히 내려놓는 실천을 우선으로 합니다. 인간 본연의 연약함, 잃어버린 삶들에 대한 참된 회환과 애도, 타인을 향한 사랑과 그 앞에서의 겸손이 계속해서 버틀러의 글에 떠오르는 것을 볼 때, 우리 시대 기독교 윤리를 구성하는 작업과 방향성을 함께한다고 생각합니다.

오늘날 전 지구적 폭력에 맞서 "생명들의 상호의존성을 포착해내는 평등주의적 상상계"를 구축하려는 버틀러의 철학은 공동체로서의 '인류'가 함께 풀어가야 할 폭력의 문제를 강조했습니다. 물론 현실적으로 우리는 차이를 좁힐 수 없는 개인의 영혼과 경험, 관계로부터 시작할 수밖에 없습니다. 가깝지만 때로 멀게 느껴지는 이웃을 보며 '알다가도 모르겠다'는 심정을 끌어안아야 할 뿐 아니라 이웃으로 규정되지 않은/규정될 수도 없는 삶들의 소외와 배제를 공감과 평화로 대체해야 합니다. 평등과 상호의존의 중요함을 인지한다 해도 교회를 일구고 국가·민족·사회공동체의 연대를 기획하는 일은 따라서 "험하고 짜증스러운 길, 운명의 그림자길"입니다. 이걸 알면서도 그 길을 가겠노라는 결심이 윤리적 사랑의 실현입니다(『비폭력의 힘』, 254-5). 나와 당신의 이야기를 듣고, 쓰고, 말하는 것은 관계에서 일어나는 오해, 균열, 방해, 그리고 평생 다른 방식으로 살아온 사람 사이의 저항을 자연스레 담게 될 것입니다. 우리가 줄곧 비판하는 바로 그 폭력적인 양상을 답습하여 긴장과 갈등이 조성될 수도 있습니다. 그렇지만 다른 이와의 만남과 말 걸기를 포기하지 않고 우리의 이야기를 함께 써나가는 과정에서 이전에 기대하지 않았던 연대와 화해, 희망을 찾아야 합니다.

사랑하는 선생님을 보내고, 계속해서 무언가를 갈구하는 은희의 눈빛(〈벌새〉), 그리고 사랑하는 사람의 영원한 미결사건이 되기 위해 삶을 마감하는 서래(〈헤어질 결심〉)의 마지막 손길을 거듭 보면서 이들의 아픔을 달래주고 싶습니다. 두 영화 모두 강과 바다를 앞에 두고 사랑하는 사람을 보내고, 기억하고, 애도하는 잊을 수 없는 장면들을 끝자락에 담고 있습니다. "죽음의 고통" 앞에서 은희와 해준은 눈물을 흘리지만 영화의 따스한 시선은 사랑의 상실이 끝이 아니며, 결코 끝나지 않을 기억의 "재구성"을 이들이 앞으로도 계속해서 감당해 나가리라는 희망의 실마리를 남깁니다. 자기동일성의 논리가 팽배한 사회와 개인 간의 폭력을 마주하여, 이제는 곁에 없는 사람들의 삶과 죽음을 기억하는 것은 신학의 깊은 본질을 빛나게 합니다. "십자가 사건의 암묵기억을 공동체적으로 회복하는 일이 부활신앙인 것처럼" 우리도 은희, 영지 선생님, 서래, 해준의 시선을 공유하여 죽음에 이르는 폭력 대신, 그러한 폭력을 지탱하고 반복하는 더 깊은 구조를 인지하고, 저항하고, 연대하면서 평화로운 삶을 심는 윤리적 주체로 거듭나야 합니다(『평화의 신학』, 442). '말 걸기의 윤리'가 이러한 비폭력·상호의존적 실천이라면, 영화〈벌새〉와 〈헤어질 결심〉에 공통적으로 등장하는 평등한 대화는 연대와 사랑을 위한 첫 걸음입니다. 윤리적 폭력 개념을 통해 서로가 공감하고 의지하면서도, 결코 같을 수는 없는 서로의 인종적·국가적·사회적·경제적 자리, 유일무이한 개성, 특수하고도 특별한 차이를 존중할 수 있다면 우리의 일상에 폭력 대신 평화를 심을 수 있지 않을까요?

동양고전에서 일상(日常)과 평화(平和)

엄국화(서울대학교 인문학연구원 선임연구원)

일용지간, 평일, 평상

우리는 모두 평화로운 일상을 꿈꿉니다. 가끔은 국가 간의 스포츠 경기에서 이길 때 느끼는 짜릿한 기분을 바라기도 하고, 지루한 삶에 활력을 불어넣어줄 설레는 일들을 기대하기도 합니다. 하지만 홍수나 지진 같은 혼란스러운 재난이나 번다한 대소사를 경험하고 나면 평화로운 일상이 얼마나 감사한 일인지 깨닫게 됩니다. 우리는 일상이 늘 안정적이고 평화롭기를 바라지만, 실제 삶은 그렇게 흘러가지 않습니다. 그래서 사람들은 언제나 '평화로운 일상' 또는 '일상의 평화'를 추구하고 있는지도 모릅니다. 그런데 지금 이야기하고자 하는 것은 '평화로운 일상'이 아니라, '일상의 평화'에 대한 것입니다. 단어의 순서가 바뀐 것뿐인데도, 의미의 간극이 있습니다.

'일상의 평화'라는 말은 두 가지 단어로 이루어져 있습니다. '일상(日常)', 그리고 '평화(平和)'라는 단어인데, 이것들은 현대인들에게 생소한 단어이거나 어려운 전문 용어는 아닙니다. 우리가 자주 사용하는 쉬운 단어들이지요. 그런데 이 두 단어는 각각 동양고전에서는 찾아볼 수 없고, 특히 사서삼경(四書三經)에는 보이지 않습니다. 인간의 삶과 관련된 매우 근본적인 의미를 담고 있는 말이고 우리에게는 익숙해서 연원이 오래되었을 것 같지만 현대에 와서 만들어진 단어들입니다. 그렇다고 해서 예전에 이러한 개념들이 존재하지 않았던 것은 아닙니다. 고전에서는 지금과는 다른 방식으로 표현되었습니다.

먼저 지금의 '일상(日常)'이라는 개념을 동양고전에서 '일용지간(日用之間)'이라는 말로 나타내었습니다. 이는 직역하면 '매일 사용하고 있는 사이'라고 할 수 있습니다. 그런데 이 말은 동양고전의 용례들을 살펴보면 '무지몽매(無知蒙昧)'함을 지적하는 부정적인 맥락에서 사용되는 경우가 많았습니다. 소수의 지식인들은 어떤 존재나 일에 대해 기초적이면서도 확실한 이치나 원리 같은 것을 인식하고 더 나아가 연구하기도 하지만, 그것을 매일 사용하는 대부분의 사람들은 그 이치나 원리 따위에 관심 두지 않고 그저 일상의 삶에서 사용하기만 합니다. 그러한 맥락에서 '일용지간'이라는 표현이 사용되었습니다. 예를 들어, 스마트폰은 이제는 현대인들에게 한시라도 떨어져서는 일상생활조차 할 수 없게 만드는 필수품이 되었지만, 대부분의 사람들은 그냥 사용만 하고 있을 뿐이지 스마트폰에서 작동하는 어플리케이션이나 스마트폰을 구성하는 하드웨어에 대해서 연구하지 않는다는 맥락으로 이해해도 좋습니다. 일반 사용자들에게 스마트폰은 그냥 편하게 사용하면 그만인 것입니다.

흥미로운 것은 '일상'이라는 단어는 없었을지언정 그것을 이루고 있는 두 한자어 '일(日)'과 '상(常)'을 각각 '평(平)'과 합쳐서 만든 '평일(平日)'과 '평상(平常)'이라는 단어는 예로부터 지금까지 사용하고 있다는 것입니다. 공자(孔子)나 맹자(孟子)가 활동했던 중국 고대의 춘추전국(春秋戰國) 시대에 사용되었던 단어는 아니지만, 남송(南宋) 시대에 활동한 주자(朱子)의 글에서는 두 단어 모두 자주 찾아볼 수 있습니다.

‘평일’이라는 단어는 주5일제에 익숙해진 우리에게 ‘주말’과 상대되는 말로 보통 월요일부터 금요일까지의 날들을 이릅니다. 평일은 학생들은 학교에 가야 하고, 직장인들은 회사에 가야 하는 평범한 날인 것입니다. 그리고 ‘평상’이라는 말은 지금은 ‘평상시(平常時)’라는 표현으로 주로 사용되는데, ‘유사시(有事時)’의 반대의 상황을 뜻합니다. 다시 말해, ‘평상’은 아무 사고나 사건이 일어나지 않은 그야말로 ‘무사(無事)’한 일상입니다.

동양고전에서 ‘평범하거나 무사한 일상’을 표현할 때 ‘거(居)’ 또는 ‘정(靜)’과 같은 한자를 씁니다. ‘거’는 ‘평’과 결합하여 ‘평거(平居)’라고 쓰는데, 이 단어는 집에서 거처하는 것을 의미하기도 하지만, ‘평상시’를 뜻하기도 합니다. ‘정(靜)’은 동양철학에서 매우 중요한 개념인데, ‘동(動)’의 상대적 개념으로 활발하게 움직이지 않는 고요한 상태를 설명하는 말로 쓰이곤 합니다. 일반적으로 ‘동’은 공적인 영역에서의 활동을 의미한다면 ‘정’은 사적인 영역에서의 생활을 의미합니다. ‘평(平)’과 조합하여 ‘평정(平靜)’과 같은 표현이 활용되는데, 지금까지 널리 쓰이는 말은 ‘평정심(平靜心)’입니다. 이는 외부의 자극에 따라 흔들리지 않는 마음을 의미하는 것입니다.

여기서 주목할 것은 ‘평일’과 ‘평상’이라는 단어에 쓰인 ‘평(平)’의 ‘평범하다’라는 의미가 ‘일상’이라는 말에도 함축되어 있다는 사실입니다. 그런데 ‘평’의 의미는 단순하지 않습니다. 동양고전에서 ‘평’은 매우 의미심장합니다. 안으로 향할 때는 ‘평정심’이라는 단어에서 알 수 있듯이 ‘마음의 평화’를 의미합니다. 그리고 밖으로 향할 때는 현실적 학문인 유학에서 최고의 목표로 삼는 '평화를 천하에 이루는 것[平天下]'을 뜻합니다. '평'은 이렇듯 안과 밖을 아우르는 속성을 지니고 있습니다.

이 글에서는 동양고전을 대표하는 사서오경(四書五經) 중 네 가지 책에 나타난 '평'의 의미를 통해, '평화'의 근본적 의미를 고찰하고자 합니다. 우선 '천하태평(天下泰平)'이라고 할 수 있는, 『대학(大學)』의 '평천하(平天下)'의 의미를 살펴보고, 『주역(周易)』을 통해서 '태평(泰平)'의 의미를 더 구체적으로 들여다보고자 합니다. 그리고 '마음의 평화'로 돌아가 『중용(中庸)』의 '중화(中和)' 개념을 소개하고, 마지막으로 『맹자(孟子)』가 '폭력'의 시대에 외친 '평화'가 어떤 가치가 있는 것인지 살필 것입니다. 이를 통해 폭력을 이기는 평화의 힘에 대해 생각해 보고자 합니다.

『대학』의 평천하(平天下)

『논어(論語)』, 『맹자(孟子)』, 『대학(大學)』, 『중용(中庸)』,이 '사서(四書)'는 중국 송대 유학에서 가장 중요한 책입니다. 그 이전까지는 유학의 중심에는 한(漢)나라 시기에 확립된 오경(五經, 『시』·『서』·『역』·『춘추』·『예기』)이라는 경전 체제가 확립되어 있었는데, 송(宋)나라 시기에 발생한 성리학은 이를 사서로 대체하였습니다. 특히 『대학』과 『중용』은 원래 오경 중 하나인 『예기(禮記)』에 들어있던 한 편의 글에 불과했는데, 송대 유학자들은 이 두 편을 『논어』와 『맹자』와 대등한 책으로 격상시켰습니다. 『대학』은 개인의 수양이 사회적으로 확장되는 원리를 다루고, 『중용』은 사람의 본성을 발견하고 그것을 사회의 도리로 성숙시키는 과정을 보여준다는 점에서 가치 있는 책이라고 여겼기 때문입니다.

성리학 전통에서 『대학』은 사서 중에서 가장 먼저 읽어야 하는 책이었습니다. 사대부라면 당연히 사서를 읽기 전에 기본적으로 『소학(小學)』을 읽고, 본격적인 공부는 『대학』부터 시작하는 것으로 여겼습니다. 『소학』으로 사람의 기초적인 소양을 다진 후, 『대학』을 공부하면서 본격적으로 내면을 다지고 정치에 나아갈 동력을 얻을 수 있었기 때문입니다. 특히 조선에서 『대학』에 대한 특별한 애정과 관심은 태조 이성계(太祖 李成桂, 1335~1408)부터 태종 이방원(太宗 李芳遠, 1367~1422)과 후대 왕들에게 이어지면서 조선의 군주와 대신들에게 제일 중요한 성리학 서적으로 인식되었습니다. 이러한 흐름에서 율곡 이이(栗谷 李珥, 1536~1584)는 『대학』의 구조를 기본으로 경전의 글들을 인용하고 내용을 확장해서 『성학집요(聖學輯要, 1575)』을 저술하기도 했습니다.

『대학』의 기본틀은 3강령(綱領)과 8조목(條目)입니다. 이것은 『대학』의 1장에 명시되어 있는데, 먼저 3강령은 '명명덕(明明德)', '신민(新民)', '지어지선(止於至善)'입니다.

대학의 도는, 밝은 덕을 밝히는 데 있으며, 백성을 새롭게 하는
데 있으며, 지극한 선에 머무는 데 있다.
大學之道, 在明明德, 在親民, 在止於至善.

첫 번째 강령인 '명명덕'은 '명덕을 밝히는 것'인데, '명덕'은 성리학적 해석에 따르면 타고난 착한 본성입니다. 이것은 내적인 부분으로 수기(修己), 즉 자기수양과 관련된 것이라 할 수 있습니다. 열심히 공부하

여 착한 본성이 무엇인지를 발견하고 생활을 통해 그것을 잘 닦아나가
는 것입니다.

 '명덕'을 밝히는 것을 외적으로 확장해 나가면 두 번째 강령인 '신민'
에 이릅니다. 원래 『예기』 원문에는 '친민(親民)' 즉, '백성을 친하게 한
다.'라고 되어있던 것을 주자가 스승인 정자(程子)의 학설을 계승해서
'신민', 즉 '백성을 새롭게 한다.'라고 바꾸었습니다. '신민'이 다른 사람
을 다스리는 '치인(治人)'의 측면에서 더 적절하다고 판단했던 것입니
다. 백성을 '교화(敎化)'해야 한다는 입장에 있었던 것이지요. 그리고
첫 번째 강령인 '명명덕'과 두 번째 강령인 '신민'은 모두 '가장 완벽한
좋음[至善]에 머물러야[止] 한다'라는 것이 세 번째 강령, '지어지선'입
니다.

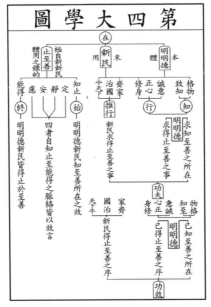

『성학십도』의 네 번째 「대학도」

퇴계 이황은 선조에게 올린 『성학십도(聖學十圖, 1568)』의 네 번째 장에 「대학도(大學圖)」를 배치했는데, 3강령과 8조목의 관계를 여말선초의 성리학자 권근(權近, 1352~1409)이 그린 그림을 인용해서 명료하게 설명하였습니다. 3강령을 더 상세하게 설명한 8조목은 '격물(格物)', '치지(致知)', '성의(誠意)', '정심(正心)'이라는 네 가지의 내향적 단계를 거친 뒤, '수신(修身)'과 '제가(齊家)' 그리고 '치국(治國)'에 이르는 외향적 단계들을 완수해서 최종적으로 '평천하(平天下)'를 완성하는 것입니다. 여기에서 마지막 '평천하'의 '평'에 주목할 필요가 있습니다.

『대학』의 8조목은 '수기치인(修己治人)' 또는 '내성외왕(內聖外王)'의 과정을 8개의 단계로 요약한 것입니다. 이는 다시 말해 '먼저 나 자신을 수양해서 다른 사람을 잘 이끌 수 있는 지도자의 길'을 제시한 것인데, 이러한 지도자는 외적으로는 '왕(王)'이면서 동시에 내적으로 '성인(聖人)'이어야 합니다. '수신'부터 '평천하'의 네 개의 단계만 줄여서 '수제치평(修齊治平)'으로 이르기도 하는데, 자신을 수양하는[修] 것부터 가문을 가지런히[齊] 하고 나라를 다스리는[治] 것에 이르기까지 전체를 관통하는 개념이 바로 마지막 '평천하'의 '평(平)'입니다.

자신을 수양하는 것은 바로 앞서 언급했던 '평정심'을 유지하는 것으로, 마음의 평화, 즉 내적인 '평화'를 유지하는 것이 관건이라고 할 수 있습니다. 그런데 '평'의 최종 목표는 외적 '평화'입니다. '평'이 바깥을 향해 나아가는 첫 번째 단계가 '제가'라고 할 수 있는데, 이 단계에서 해야 할 것은 '제평(齊平)'입니다. '제평하다'란 말은 기본적으로 평준화(平準化)를 의미하며, '제평'을 확장시키면 다음 단계인 '치평(治平)'

으로 올라갈 수 있습니다. 그리고 '치평'이란 공평하게 다스리는 것입니다. 8조목의 마지막 단계에 있는 '평천하'는 이 모든 의미를 종합하여, 천하를 평정하고, 평준화하고, 공평하게 다스리는 것이라 할 수 있습니다. 이것이 '평천하'의 의미입니다. 그리고 이러한 상태를 '천하태평(天下泰平)'이라고 말할 수 있습니다.

이와 같이 '평'이라는 글자는 '평일'이나 '평상'같이 일상적인 것을 의미합니다. 결국 '평화'는 '일상'과 같이 어긋나지 않고 원만한 것을 뜻하는 말이라고 할 수 있습니다. 물론 일상적인 것이 꼭 '평화'로운 것은 아닙니다. 다만 일상에서 큰 사건·사고 없이 무탈하고 무난하게 지나갈 수 있기를 바라는 마음이 '평' 자에 투영되어 있다고 할 수 있습니다. 우리가 이해하는 평화는 "평온하고 화목한, 갈등이 없는 상태"인데, 그것과 통하는 부분도 있지만 의미가 완전히 합치하지는 않습니다. 동양고전에서 현재 우리가 생각하는 '평화'의 의미와 더 가까운 의미를 나타내는 것은 '태(泰)'입니다.

『주역』의 지천태(地天泰)

중국 송대의 성리학 또는 신유학(新儒學)에서 사서가 중요한 책이 되었지만, 그렇다고 기존의 오경(五經)의 권위가 낮아진 것은 아닙니다. 오히려 성리학이 성립된 이후 오경 중에서 『주역(周易)』은 가장 중요한 경전으로 여겼습니다. 『주역』은 본래 점서(占書, 점을 치는 책)에서 시작된 책이었지만, 공자가 『주역』을 동양의 가장 근원적인 철학서로 해석한 이후 동양철학에서 줄곧 가장 중요한 위치를 유지해 왔는데, 지금도 우리가 일상적으로 사용하는 단어들 중에는 『주역』에서 비롯된 것이 많습니다.

다른 경전들과 마찬가지로 『주역』에서도 지금 우리가 쓰는 그대로의 '평화'라는 단어가 등장하지는 않습니다. 그러나 '평화'의 의미를 담고 있는 괘(卦)가 있습니다. 바로 『주역』의 11번째 괘, '태' 괘입니다. 우리가 흔히 '태평(太平)하다'라고 말할 때에 '태(太)'자가 본래는 '태(泰)' 괘에서 비롯된 것입니다. '태(泰)'의 기본 의미는 '태(太)'와 마찬가지로 '크다'이고, '편안하다', '통하다'와 같은 의미를 지니고 있습니다.

『주역』64괘는 우리나라 태극기의 네 모서리에 있는 건곤감리(乾坤坎離)라는 네 개의 삼획괘를 포함하여 총 8개의 괘가 서로 중첩되어 만들어졌습니다. 그렇지만 태괘를 이해하기 위해 8개의 괘를 다 알아야 하는 것은 아닙니다. 건곤감리 4괘 중에서도 '건'과 '곤'만 알면 그 의미를 알 수 있습니다.

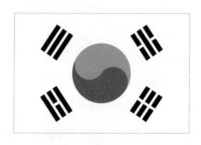

태극기

건(乾, ☰)과 곤(坤, ☷)은 8괘 중에서도 가장 기본적인 괘로, 양으로만 이루어진 것을 '건'이라 부르고, 음으로만 이루어진 것을 '곤'으로 부릅니다. 그리고 육획괘 중 첫 번째 괘인 건괘(䷀)은 위에도 '건', 아래에도 '건'이 합쳐진 것입니다. 64괘 중 두 번째 괘인 곤괘(䷁)도 위에도

'곤', 아래에도 '곤'으로 합쳐진 것입니다. 이러한 원리를 생각하면서
태괘의 모양을 살펴봅시다.

☷

지천태(地天泰)

태괘(䷊)는 '건(☰)'이 아래에 있고, '곤(☷)'이 위에 있는 형상입니다.
'건'은 하늘[天]을 상징하고, '곤'은 땅[地]을 상징하므로, 태괘는 땅이
위에 있고, 하늘이 아래에 있는 모습입니다. 이 괘를 '지천태(地天泰)'
라고 부르는 것은 이렇게 위에 땅이 있고 아래에 하늘이 있는 모양을
나타내는 것입니다. 얼핏 보면 위에 땅의 상징이 있고, 아래에 하늘의
상징이 있는 것은 제자리에 있지 않은 불편한 상태가 아닌가 할 수 있
습니다. 그러나 『주역』에서는 음양의 조화를 중시하며, 전통적으로 태
괘는 매우 긍정적인 의미를 나타내는 괘로 인식되었습니다. 『주역』의
64괘에는 모두 각 괘에 붙여진 말 즉, '괘사(卦辭)'가 있는데, 태괘의
괘사를 보면 태괘에 대한 인식을 알 수 있습니다.

태괘는 작은 것이 가고 큰 것이 오니, 길하고 형통하다.
泰, 小往, 大來, 吉, 亨.

송대의 유학자 정이천(程伊川)은 '작은 것'은 음을 말하는 것이고, '큰
것'은 양을 말하는 것이라 설명했습니다. 그러니까 위에 있는 곤괘는
음으로만 이루어진 괘인데, 이것이 아래로 내려오려고 하는 것이고,

아래에 있는 건괘는 양으로만 이루어진 괘인데, 이것이 위로 올라가려고 합니다. 아래로 내려가는 성질의 것이 위에 있고, 위로 올라가려는 성질의 것이 아래에 있는 것은 적절한 위치에 놓인 것이라고 할 수 있고, 결론적으로는 길(吉)하고 형통한 것입니다. 양과 음이 호응을 이루어 선순환하고 있기 때문입니다. 『주역』의 모든 괘에는 「단전(象傳)」이라는 글이 붙어 있어서 괘에 대해 해설하고 있는데, 태괘의 괘사에 대해 「단전」에서는 다음과 같이 설명합니다.

> 이것은 천지가 사귀어 만물이 소통하고, 상하가 사귀어 그 뜻이 같은 것이다.
> 是天地交而萬物通也, 上下交而其志同也.

여기에서는 "작은 것이 가고 큰 것이 오니, 길하고 형통하다"라는 말에 대해서, "천지가 사귀어 만물이 소통한다"라고 풀이하였습니다. 자연 상태에서는 하늘이 위에 있고 땅이 아래에 있는 것이 바람직하지만, 태괘가 보여주는 형상은 하늘이나 땅 그 자체를 나타내는 것이 아니라 양과 음의 기운이 소통하는 모습을 표현한 것입니다. 위에 있는 '곤'은 음의 기운으로 이루어져 있기 때문에 아래로 내려오려는 성질이 강하고, 아래에 있는 '건'은 양의 기운으로 이루어졌기 때문에 위로 올라가려는 성질이 강한데, 이로 인해 '건'와 '곤'이 한 자리에서 만나게 되므로, 천지가 서로 사귀고 그 다음에는 만물이 소통하게 된다는 것입니다.

천지(天地)가 사귀는 것[交]과 만물(萬物)이 소통하는 것[通]을 달리 말한 것이 뒤에 이어진 '뜻이 같은 것[志同]'이라 할 수 있습니다. '지동(志同)'이라는 말은 우리가 지금도 사용하는 '동지(同志)'와 같은 의미입니다. 북한에서 '동지'라는 말을 선점하고 있어서 우리 문화에서는 다소 오해의 소지가 있지만, '동지'의 원래 의미는 '교통(交通)', 즉 "사귀고 소통하는 것"입니다. '위·아래의 구분 없이 사귀고', '같은 뜻을 공유하고', '사귀고 소통하는 것'은 결국 '평화'를 의미한다고 할 수 있습니다. '태'는 사람들이 뜻을 함께하고 화합하는 '태평'을 나타내는 괘인 것입니다.

『주역』의 천지비(天地否)

『대학』의 '수신·제가·치국·평천하'는 평화의 발전 과정을 나타내며, 『주역』의 11번째 태괘는 '관계'에서 평화가 어떠한 것인지 잘 보여주었습니다. 이어지는 『주역』의 12번째 괘인 비괘(否卦)는 그 의미를 더 분명하게 설명해 줍니다. 우선 비괘의 형상은 다음과 같습니다.

천지비(天地否)

천지비(天地否)라고 부르는 것은 위에 하늘을 상징하는 '건(☰)'이 있고, 아래에 땅을 상징하는 '곤(☷)'이 있기 때문입니다. 『주역』 64괘는 두 괘씩 짝을 이루고 있는데, 첫 번째와 두 번째의 건괘(☰)와 곤괘(☷)가 서로 온전한 양과 온전한 음으로 대치되는 것처럼, 태괘와 비괘로 음과 양이 서로 반전되어 있습니다. 두 괘를 같이 비교해 보면 확실히 그 차이가 보일 것입니다.

지천태와 천지비

　앞서 태괘는 땅을 상징하는 '곤'이 위에 있고 하늘을 상징하는 '건'이
아래에 있지만, 각각 내려오고 올라가려는 성질 때문에 오히려 서로
만나고 소통하게 되어 결국 뜻이 일치되는 평화로운 상태를 이룬다고
하였습니다. 반면에 비괘는 '비색(否塞)하다'라는 말에서 알 수 있듯
이, 꽉 막힌 형상입니다. 비괘(䷋)에는 하늘을 상징하는 '건'이 위에 있
고, 땅을 상징하는 '곤'이 아래에 있기 때문에 정상적인 자연상태로 보
기 쉽습니다. 그러나 비괘가 보여주고자 하는 것은 일상적인 자연상태
가 아니라, 위로 올라가려는 양의 성질과 아래로 내려가려는 음의 성
질이 어긋나서 서로 사귀려 하지 않고 소통하지 않으려는 상황입니다.
양의 성질이 위에 있기 때문에 양은 자꾸만 위로 향하고, 음의 성질은
아래에 있기 때문에 자꾸만 아래로 향하면서 결국 서로 만나지 못하게
되는 것입니다. 비괘를 더 구체적으로 이해하기 위해 그 괘사를 살펴
보면 다음과 같습니다.

　바른 사람이 아니니, 군자의 곧음에 이롭지 않으니, 큰 것이 가
　고 작은 것이 온다.
　否之匪人, 不利君子貞, 大往小來.

태괘의 괘사에서는 부정적인 표현이 한 번도 나오지 않은 것과 달리, 비괘에서는 '비(否)', '비인(匪人)', '불리(不利)' 등의 부정적인 표현이 많이 등장합니다. '비(否)' 자는 '태'가 가진 '크다', '편안하다', '통하다' 라는 의미들과 정반대인 '꽉 막혀 있는 상태'를 뜻합니다. '비인(匪人)' 의 '비(匪)'도 '아니다'라는 부정의 의미인데, '사람이 아니다'라고 하면 뜻이 잘 전달되지 않기 때문에 '바른 사람이 아니라'라고 풀이했습니다. 그리고 '불리(不利)'는 우리가 알고 있는 의미 그대로 이득이 되지 않거나 해로운 것을 나타냅니다. 비괘의 괘사가 부정어들로 넘치는 것처럼 이것을 해석한「단전」에서도 부정어가 주로 사용되었습니다.

이것은 천지가 교류하지 않아 만물이 불통하고, 상하가 교류하
지 않아 천하에 나라가 없는 것이다.
是天地不交而萬物不通也, 上下不交而天下无邦也.

태괘가 천지가 사귀고, 만물이 소통하는 것과 달리, 비괘는 천지가 '불교(不交)'하고 만물이 '불통(不通)'하는 지경에 이른 것입니다. 결과적으로 윗사람과 아랫사람이 소통하지 않기 때문에 천하에 나라가 존재하지 않게 된다고 경고하고 있습니다. '천지비(天地否)'는 서로 화합하지 못하며 배척하고 반목하는 상태라고 할 수 있습니다. 그러면 결국 관계가 깨지고 사회가 분열되는 데 이르는 것입니다.

비괘를 태괘와 비교해 보면,『주역』에서 말하고자 하는 '평화' 또는 '태평'의 의미가 더욱 분명해집니다. '평화'라는 것은 기본적으로 '교감' 과 '소통'하는 관계를 전제로 이루어진 결과물이라고 할 수 있습니다.

한데 모여 끊임없이 교감하고 소통하려는 자세에서 안정과 조화가 이루어지는 것입니다.

『주역』은 기본적으로 세계의 전반이 운행하는 원리를 다루고 있기 때문에 다루고 있는 범위가 크고, 해석도 주로 군주론 또는 정치적인 차원에서 이루어집니다. 그러므로 '지천태'는 군주와 신하의 관계 또는 군주와 백성이라는 상하관계에서 평화가 이루어진 상태를 논하는 것이고, 옛 세계관에서 국가 간 질서의 원리를 설명한 것이기도 합니다. 그러나 '평화'라는 것은 국가적 관계에서만 중요한 과업이 아닙니다. 개개인의 마음의 평화를 유지하는 것 또한 매우 중요한 일입니다.

『중용』의 치중화(致中和)

사서 중『대학』이 유학의 핵심인 '수기치인(修己治人, 자신을 수양하고 다른 사람을 다스림)'에 대한 가장 기본적인 체계를 다루고 있다면, 『중용(中庸)』은 성리학에서도 심성론(心性論)을 가장 정밀하게 다루고 있는 중요한 책입니다. 심성론이란 마음과 본성(本性)에 관해 논한 것인데, 인식작용과 지각활동 등 마음에서 이루어지는 일들의 전반에 대해 이론적으로 탐구하는 학문 분야입니다. 『중용』에서 다루는 '심성'이 무엇인가는 1장에 명시되어 있습니다.

> 하늘이 명한 것을 '성(性)'이라 이르고, '성'을 따르는 것을 '도(道)'라 이르고, '도'를 닦는 것을 일러 '교(敎)'라 한다.
> 天命之謂性, 率性之謂道, 修道之謂敎.

그 유명한 '성즉리(性卽理)' 설은 이 경문(經文)에 대한 해설에서 비롯되었습니다. 『중용』의 첫 문장을 주자가 '성(性)'에 대하여 '즉리야(卽理也)' 즉, '본성이 곧 이치이다'라고 해석하면서 '성즉리설'이 시작된 것입니다. 그런데 『중용』 1장은 이뿐만 아니라 '유학에서 규정한 본성과 감정'의 정수(精髓)라는 점에서도 중요합니다. 조선 성리학에서 가장 유명한 논쟁인, 퇴계 이황(退溪 李滉, 1501~1570)과 고봉 기대승(高峰 奇大升, 1527~1572) 사이에서 일어난 '사단칠정(四端七情) 논쟁'은 바로 『중용』 1장에 대한 해석의 차이에서 발생했다고 해도 과언이 아닙니다.

'일곱 가지 감정[七情]'은 본래 『중용』이 아닌, 『예기』의 「예운(禮運)」 편에 등장하는 감정의 분류입니다. 칠정은 '희로애구애오욕(喜怒哀懼愛惡欲)'을 가리키는데, 『중용』 1장에서는 '희로애락(喜怒哀樂)'이라는 네 가지 감정만 언급하면서 다음과 같이 설명합니다.

> 기뻐하고 성내고 슬퍼하고 즐거워하는 감정이, 일어나지 않은 상태를 중(中)이라 이르고, 기뻐하고 성내고 슬퍼하고 즐거워하는 감정이 일어나되, 모두 절도에 맞는 상태를 화(和)라 이른다.
>
> 喜怒哀樂之未發, 謂之中, 發而皆中節, 謂之和.

여기에서는 '희로애락' 등의 감정을 일어나지 않은 상태와 일어난 상태로 구분하고 있습니다. 그리고 그러한 감정이 일어나지 않은 상태를 '중(中)'이라고 하고, 감정이 일어난 뒤에 절도에 맞는 상태를 '화(和)'라고 설명하고 있습니다. '중'은 마음이 어느 한 쪽으로 치우지지 않고,

어디에도 기대지 않기 때문에 지나침도 모자람도 없는 상태입니다. 중심을 잘 지켜 균형이 잘 맞는 상태라고 할 수 있을 것입니다. '중'을 잘 유지하면 상황에 알맞은 감정이 조화롭게 발현될 수 있습니다.

　동양의 심성론은 『중용』 또는 『예기』나 『맹자』 같은 책에 나온 문장들을 해석하는 데서 시작된 것이지만, 불교의 심성론을 대응하면서 학문적으로 조직되어 가는 과정에서 오히려 불교의 이론들을 차용하기도 했습니다. 그러나 『중용』의 이와 같은 내용은 불교의 심성론과 대척점을 보여주는데, 불교에서는 마음의 '비어 있음[虛]'을 지향한 반면에 유교는 마음의 '중'과 '화'를 지향했다는 것이 매우 중요합니다. 내면의 평화 또는 마음의 평화는 동서양 모든 종교나 사상에서 추구하는 경지인데, 유교는 『중용』에서 그것을 가장 강하게 추구하였고, 『중용』에서는 그것을 '치중화(致中和)'라고 표현하기도 합니다. '화'의 의미는 '조화롭게 하다'라는 의미에서 크게 벗어나지 않습니다.

　감정이 일어나는 단계에서는 감정을 적절하게 표출하는 것이 중요합니다. 다만 중국 고대 봉건제가 신분제 사회이다 보니, 감정에 대한 적절한 경계 역시 계급에 따라 나누어졌다는 것에 한계가 있습니다. 그러나 감정이 일어나기 이전, 다시 말해 본성[性]의 단계에서는 '중'의 상태를 유지하는 것이 이상적인데, 이 '중'의 상태를 '평정(平靜)'이라고 할 수 있습니다. '평정심'은 감정이 일어날 때 갖추어져 있어야 하는데, '평정심'을 미리 확보해야 하는 이유는 이를 갖는 것이 감정이 일어나기 전 상태가 평평하고 고요할 때에야 가능한 것이기 때문입니다.

　송대 유학자들이나 조선 유학자들은 이러한 '치중화'에 큰 관심을 두었는데, 이를 달리 말하면 마음의 평화를 추구하는 데에 많은 노력을 기울였다고 할 수 있습니다. 평상시에 마음을 기른다는 것은 단순히 어느 편을 들지 않는 마음을 갖는다는 것이 아니라, 마치 넓은 바다가 보여주는 '평평함, 평온함' 같은 '평정심'을 기르는 것입니다. 결국『중용』에서 말하는 '치중화'라는 개념은 결국 '마음속 평화의 극대화'라고 말할 수 있을 것입니다.

『맹자』의 왕도정치(王道政治)

'맹자'는 평화주의자 이미지가 강합니다. 인간은 근본적으로 선하다는 믿음을 지니고 있었고, 백성을 덕으로 감화시키는 것이 정치의 기본이라고 주장하는 '왕도정치(王道政治)'를 주창하였기 때문일 것입니다. 그런데 무엇보다 중요한 것은 맹자가 사람들을 이롭게 하는 것에 가장 역점을 두고 있었다는 점입니다.

일반적으로 공자와 맹자의 사상이 그들이 살았던 때부터 지금까지 주류 사상인 것으로 알고 있지만, 공자든 맹자든 당시에는 주류가 아니었습니다. 공자는 춘추시대 말기에 활동했고, 3천 명의 제자가 있었다고는 하지만 생전에 공자의 학설이 크게 유행하지는 않았습니다. 맹자는 전국시대 중기에 활동했는데, 맹자가 살던 시대에도 공자의 유학 사상이 주류였던 것이 아니라, 양주(楊朱)의 위아(爲我) 사상이나 묵적(墨翟)의 겸애(兼愛) 사상이 크게 유행하고 있었습니다. 그래서 맹자는 양주와 묵적의 사상을 천하를 크게 어지럽히는 사이비(似而非) 사상으로 규정하고 극복하려고 노력했습니다.

반대로 순자(荀子)는 당대에도 매우 존경받던 학자였습니다. 그래서 춘추시대 말기에 제(齊)나라에서 후원하는 최고 교육기관의 수장을 몇

차례 맡기도 했습니다. 그리고 그의 제자 중에는 이사(李斯)와 한비자(韓非子)라는 법가 사상가들이 배출되었고, 결국 천하는 유학 사상이 아닌 법가 사상으로 통일되었습니다. 법가 사상에 큰 영향을 끼친 순자의 유학사상은 현실주의적 유학으로 평가받습니다.

반면에 맹자의 유학사상은 순자의 유학사상에 비해서 이상주의적이라는 비판을 받기도 했습니다. 인간의 본성을 선하다는 성선설(性善說)을 주장하면서, '측은지심(惻隱之心)' 같은 공감 능력을 강조한 것은 이상주의적으로 보일 수도 있지만 『맹자』를 읽어보면 맹자 역시 현실에 대한 통찰력이 뛰어났다는 것을 알 수 있습니다. 특히 '왕패론(王霸論)'에 관한 글은 폭력에 대한 현실적인 대안을 제시합니다.

> 힘을 가지고 '인'을 빌리는 자는 패자이다. 패자는 반드시 큰
> 나라가 있어야 한다. 덕을 가지고 인을 행하는 자는 왕자이다.
> 왕자는 큰 나라가 필요하지 않다.
> 以力假仁者霸, 霸必有大國. 以德行仁者王, 王不待大.

패자(霸者)는 춘추시대에 천자(天子)를 대신해서 천하의 질서를 지켜내던 제후를 말합니다. '춘추(春秋)'라는 시대 명칭은 공자가 편찬한 역사서 『춘추』에서 따온 이름인데, 이 시대에는 주(周) 나라의 천자가 이름만 유지하고 있을 뿐, 실권은 힘을 가진 제후들이 가지고 있었습니다. 그러니까 춘추시대는 천자라는 '왕'보다 '제후'들이 실력을 다투던 시대였습니다.

맹자가 활동한 전국(戰國)시대는 문자 그대로 '나라와 나라가 싸우

는' 시대였습니다. 제후 밑에 있던 대부들까지 나라를 세우고, 천하를 차지하기 위해 각축을 벌이던 시대였습니다. 결국 법가 사상을 적극적으로 수용하여 부국강병을 이룬 진나라가 혼란스러운 춘추전국시대를 종결하고 천하를 통일하게 되었는데, 이것은 '덕'이 아닌 무력으로 이룬 것이었습니다. 춘추시대의 제후들부터 전국시대의 제후들은 모두 부국강병을 지상최대의 과제로 삼았고, 이러한 시대에 '덕(德)' 또는 '인(仁)'과 같은 이상적인 통치 개념만을 강조하는 유학 사상은 주류로 자리매김할 수 없었습니다.

　하지만 천하 통일 이후 중국의 역대 왕조들은 유가 사상을 표방하기 시작합니다. 안정기에 접어들면서 평화를 유지하고 국가의 질서를 잡아나가기 위한 정치사상이 필요했던 것입니다. 진나라 멸망 후 한나라도 처음부터 유학을 주류 학문으로 삼지는 않았지만, 한무제(漢武帝) 때 동중서(董仲舒)의 건의로 유학은 성학(聖學)이 되었고, 오경은 성경(聖經)이 되었고, 공자는 성인(聖人)이 되었습니다.

　유학이 중국 학문의 중심이 된 이후에도, 한동안은 순자가 유학의 정통으로 인식되었지만, 당나라 말기부터 맹자가 진정한 계승자로 인정받기 시작했고, 송나라 성리학자들에 의해 맹자는 공자에 버금가는 '아성(亞聖)'으로 존경받게 되었습니다. 맹자의 성선설이 현실적인 순자의 성악설에 비해서 너무 이상적으로 보일 수도 있지만, 사람의 본성이 선하다는 맹자의 주장은 결국 공자의 전통을 제대로 계승했다는 평가를 받게 된 것입니다. 이러한 맥락에서 '패자'와 '왕자'를 구분한 것도 이해할 수 있습니다.

　스포츠에서는 우승했을 때 2연패(連霸), 3연패와 같이 '패(霸)'라는 표현을 쓰는데, 이것이 적절한 것은 스포츠가 '덕'을 발휘해야 이길 수 있다기보다는 순수한 물리적 '힘'으로 승패를 겨루는 분야이기 때문입니다. 그러나 맹자는 진정한 통치자는 물리적 '힘'이 아니라 '덕으로 인을 행하는[以德行仁]' 사람이라고 주장합니다. 여기서의 '힘'은 스포츠에서 사용하는 기술적 힘이 아니라 폭력을 의미합니다. 특히 맹자가 활동했던 시대가 전국시대였다는 상황을 감안하면 자연스럽게 이해할 수 있습니다. 이런 시대에 맹자가 '덕'을 강조했던 것은 당시 사람들에게 시대착오적인 것으로 비쳤을 것입니다.

고대 사회에서는 천하의 안정을 위해서 어쩔 수 없이 '힘'이 필요했습니다. 백성을 많이 거느린 큰 나라를 이루면, 생산력과 전투력에서 우위를 점할 수 있기 때문에 제후들이라면 누구나 힘을 가진 큰 나라가 되기를 추구했습니다. 공자나 맹자와 같이 '인'을 강조하고 통치자의 '덕'을 강조하는 이상적인 사상은 춘추전국시대에 주류 사상이 되기 어려웠습니다. 그러나 오히려 힘이 지배하는 시대에 힘이 아닌 '인'과 '덕'을 강조함으로, 폭력으로 세워지는 질서가 아닌 평화에 의한 질서를 주장하였기에 이들의 사상은 지금까지도 위대한 사상으로 기억되고 있습니다.

다시 일상의 평화로

평화는 폭력의 가장 근본적인 대안입니다. 평화라는 것은 다소 추상적인 개념이고 실천하기 어려운 이상적인 개념으로 보일 수 있습니다. 하지만 앞에서 살펴본 바와 같이 동양고전에서 논한 평화는 매우 실질적이면서도 인간관계에서 우리가 지켜야 할 태도를 구체적으로 제시하고 있습니다. 그리고 평화로 나아가기 위해서는 우선 폭력을 멈추어야 할 것입니다. 물론 동양고전에서는 폭력보다 평화에 대해 논했지만 평화의 의미를 뒤집어 생각해 보면 우리가 해야 할 일과 더불어 하지 말아야 할 일이 무엇인가를 알 수 있습니다.

『대학』의 '평천하'에서 알 수 있는 평화의 의미는 치우치지 않고 공평한 것입니다. 그렇다면 어느 한 쪽으로 치우치고 공평하지 못한 것이 폭력적인 것이라 할 수 있겠지요. 『주역』의 태괘와 비괘에서 드러나는 평화의 개념은 '소통'입니다. 사회적 관계에서 소통은 매우 중요합니다. 불통은 폭력을 야기합니다. 상호간에 충분한 대화를 나눌 수 있으면, 폭력적 상황을 피할 수 있습니다. 『중용』의 핵심어는 '치중화(致中和)'인데, 여기서 '화'는 감정을 적절하게 표현하는 것을 말합니다. 사람의 감정 표현은 언어 외에도 다양한 방법으로 나타낼 수 있는데, 중요한 것은 정도를 지켜야 한다는 것입니다. 내 기분만 중요하게 여기고 감정을 함부로 표출하면 폭력이 됩니다. 마지막으로 『맹자』에서 보았듯이 '인'을 가장한 '힘의 논리'로 이루어진 평화는 진정한 평화가 아닙니다.

동양의 경전에서 '평화'는 개인의 정신을 수양하고 가치관을 확립하는 데도 핵심적인 개념이었으며, 국가의 질서를 세우고 국제 관계를 맺는 데도 중요한 개념이었습니다. 현대에는 평등의 가치가 중시되면서 개개인에게 요구되는 도덕적 기준이 높아짐과 동시에 일반화되었고, 국민에 대한 국가의 역할이 증대되었으며, 법이 정교화되었고, 전쟁도 자주 일어나지 않습니다. 그런데도 우리는 공자나 맹자가 꿈꾸었던 태고(太古)의 태평성대를 구가하지 못하며, 일상적 폭력에 노출되어 있습니다. 법이 개인의 안전을 완벽하게 보장하지는 못하는데, 개인화가 심화되면서 누군가 폭력의 싹을 키워나가고 있을 때 그것에 대처하기 어렵기 때문입니다. 그리고 국가 간 이해 충돌로 인한 국제 질서의 복잡성이 야기되면서 '물리적 힘'이 중요하다는 인식을 떨치기가 쉽지 않습니다. 그래서 현대에도 고대의 성인들이 말했던 '평화'는 큰 의미가 있습니다. 이와 같은 동양고전에 나타난 일상과 평화의 개념이 우리 사회의 일상적 폭력을 해소하는 데에 기여할 수 있기를 바라며 글을 마칩니다.

부록: 품위 있는 사회와 노인의 존엄성

- 노인 빈곤의 극복을 위한 교회의 법윤리적 과제*[1]

김성수 (평택대학교 교목)

I. 들어가는 말

폭력은 근대 이후 평화와 질서의 보호를 위해 사용되어야만 하는 필수불가결한 수단으로 이해되었다. 이것은 특히 법체계의 형성과 유지를 돕는 요소로 간주되었다.[2] 그러나 폭력은 본질적으로 동료 인간의 생명과 건강을 위협하는 행위이기 때문에 그 도구적 성격에도 불구하고, 최대한 회피되어야 한다는 인식이 보편화되어 있다. 이러한 측면에서 기독교 신앙은 폭력 사용의 가능성을 완전히 배제하지 않지만, 비폭력적 태도에 우선적 관심을 두고 있다.[3] 이를 살인 금지 계명(출 20:13)과 예수 그리스도의 가르침(마 5:38) 속에서 발견할 수 있다. 폭력은 첫 번째 살인자인 가인의 사례에서 알 수 있듯이 인간의 타락 이후 나타난 현상이다. 이것은 인간의 죄성과 결합되어 있기 때문에 타락한 세상이 지속되는 한 끊이지 않다가 완전한 하나님 나라가 도래할 때에야 비로소 극복될 것이다.

---

1 *이 논문은 한국연구재단 등재학술지「선교와 신학」62(2024)에 게재된 것임을 밝힌다.

2 Walter Benjamin, "Zur Kritik der Gewalt", 최성만 역, 『발터 벤야민 선집 5』(서울: 길, 2017), 90-91.

3 Wolfgang Huber, *Ethik. Die Grundfragen unseres Lebens von der Geburt bis zum Tod* (München: C. H. Beck, 2015), 235.

176   일상의 평화를 일구는 공동체

그러나 폭력을 줄이려는 노력은 하나님 나라에 상응하는 현실을 건설하려는 일이기 때문에 필요하고, 중요하다.[4] 이러한 측면에서 폭력의 감소는 교회가 관심을 두고 있는 주제이다.[5]

여기서 폭력은 국가 간 전쟁으로부터 일상에서 벌어지는 폭력을 망라한다. 평화학자 요한 갈퉁(Johan Galtung)은 폭력이 직접적 형태, 구조적 형태, 문화적 형태를 가지고 있다고 보았다.[6] 여기서 직접적 폭력은 폭력의 피해자가 물리적으로 겪는 폭력의 형태를 말한다. 구조적 폭력은 빈곤 등과 같이 사회적, 제도적 체계에 의해 발생한 간접적 폭력의 형태를 뜻한다. 그리고 문화적 폭력은 관습, 도덕, 종교 등을 통해 소외와 배제를 강화하는 것인데, 이는 직접적, 구조적 폭력을 촉진한다. 직접적, 간접적으로 경험하게 되는 폭력, 그리고 인식 강화를 통한 폭력의 심화는 개별적으로 발생하기도 하고, 복합적으로 이뤄지기도 한다.

이러한 폭력의 양상은 일상에서 다양한 형태로 나타나고 있다. 그중 노인 폭력은 그 경감의 가능성이 크지 않다는 점에서 심각성을 지니

---

4   Wolfgang Huber, *Gerechtigkeit und Recht. Grundlinien christlicher Rechtsethik* (Gütersloh: Gütersloher Verlagshaus, 2006), 201.

5   이 연장선상에서 폭력의 감소는 정의로운 평화(gerechter Friede)의 실현을 위한 핵심 요소로 이해된다. Evangelische Kirche in Deutschland, *Aus Gottes Frieden leben - für gerechten Frieden sorgen. Eine Denkschrift des Rates der Evangelischen Kirche in Deutschland* (Gütersloh: Gütersloher Verlagshaus, 2007), 54-55, 정의로운 평화에 관한 연구는 다음을 참고하라. 김성수, "인권과 평화를 위한 교회의 책임 - 볼프강 후버의 정의로운 평화의 윤리 연구",『기독교사회윤리』제44집 (2019. 8): 199-221.

6   Johan Galtung, *Peace by Peaceful Means,* 강종일, 정대화, 임성호, 김승채, 이재봉 역, 『평화적 수단에 의한 평화』(서울: 들녘, 2000), 19-20.

고 있다. 한국사회에서 노인 인구가 점차 증가하고 있는데, 이러한 인구 변화에 상응하여 그 폭력 역시 늘어날 가능성이 크기 때문이다. 노인은 사회 안에서 약자로 분류되기 때문에 그에 대한 폭력은 약자에게 해악을 끼치는 것과 같다. 이웃 사랑의 계명은 약자에 대한 책임적 태도를 요구하고 있다. 노인은 교회가 관심을 기울여야 할 이웃 사랑의 대상이고, 이에 따라 노인 폭력의 감소를 위한 노력이 필요하다.

하지만 노인 폭력은 간단히 해결될 수 있는 사안은 아니다. 이것은 직접적, 구조적, 문화적 폭력의 내용을 복합적으로 가지고 있다. 그중 구조적 폭력인 빈곤은 개인의 덕스러운 행동과 노력만으로는 해결되기 어렵고, 직접적 폭력과 문화적 폭력을 지속적으로 악화한다는 점에서 큰 심각성을 가지고 있다. 이 구조적 문제의 해결을 위해 제도 개선이 이뤄져야 한다. 이를 현실화하기 위해서는 노인이 구조적 폭력 속에 놓여 있고, 그 상황의 극복이 시급하다는 인식이 정립되어야 한다. 그런 점에서 노인의 존엄성과 그 증진을 위한 제도에 관한 이해가 수반되어야 한다. 여기에 이스라엘 철학자 아비샤이 마갈릿(Avishai Margalit)의 구상이 도움을 줄 수 있다. 그는 품위 있는 사회의 개념을 통해 인간 존엄성의 존중과 그 실현을 위한 제도 개선의 필요성을 설명한 바 있다. 이와 함께 존엄과 가치를 지닌 인간을 위한 법윤리적 책임을 중시하는 기독교 신앙의 이해도 노인에 대한 인식 개선과 제도 개선을 위한 이론 체계의 구축에 기여할 수 있다.

그런 점에서 본 논문은 노인 존엄성의 중요성과 그 증진을 위한 법의 개선 방향을 설명함으로써 노인 빈곤의 극복 방안을 제시하는 것을 목표로 삼고 있다.[7] 이를 위해 먼저 한국사회에서 발생하고 있는 노인 빈곤의 심각성을 논구하고자 한다. 그리고 마갈릿의 품위 있는 사회의 개념을 분석하고, 노인의 존엄성을 신학적 차원에서 검토하고자 한다. 이 토대 위에서 노인의 존엄과 가치를 존중하는 법의 개선 방향을 제시하고자 한다.

II. 노인 빈곤과 노인 폭력

일반적으로 나이가 들어 연로한 사람을 노인으로 지칭한다. 그 기준 연령이 국제적으로 명확하게 규정되어 있지 않지만, 『저출산, 고령화 사회기본법』 등의 국내 법률은 노인을 경제활동이 종료된 만 65세 이상 인구로 설명하고 있다.[8] 이러한 규정은 다양한 법률과 통계 지표에서 활용되고 있다. 1970년 당시 전체 인구의 3.1%에 불과했던 노인 인구는 생활 수준의 향상과 의학 기술의 발전으로 2020년 15.7%로 크게 증가하였다. 이를 통해 한국사회는 고령화사회를 지나 고령사회가 되었다. 2025년이 되면 그 비율이 20.3%에 도달함으로써 초고령사회에 진입할 것이 예상되고 있다.[9] 이에 따라 인구 5명 중 1명이 노인이 된다. 기존에 상존하던 노인 폭력은 이 인구 구조의 변동 속에서 자연스

---

7 본 연구는 철학적, 신학적 접근을 통해 노인 존엄성의 가치를 부각하고, 개신교 법윤리의 방법론을 활용하여 그 보장 방안을 모색한다는 점에서 노인 복지 관련 분야의 연구들과 차별성을 지니고 있다. 개신교 법윤리에 관한 설명은 다음을 참고하라. 김성수, "능력주의의 문제와 법의 역할 - 볼프강 후버의 법윤리의 적용", 『기독교사회윤리』 제53집 (2022. 8): 22-26.

8 한국법제연구원, 『노인인권규범 형성에 따른 국내법제 개선방안 연구 I : 글로벌 규범 분석을 중심으로』 (세종: 한국법제연구원, 2022), 37.

9 위의 책, 41.

럽게 더욱 증가하게 될 것이다.

노인 폭력은 매우 넓은 외연을 가지고 있다. 그중 노인 빈곤은 특히 심각한 폭력의 양상을 나타내고 있다. 빈곤은 사회구조와 깊이 관련되어 있기 때문에 개인의 노력만으로 해결되기가 쉽지 않다. 그런 점에서 노인 빈곤은 구조적 폭력에 해당한다. 2018년 통계에 의하면 한국 사회의 노인 빈곤율이 43.4%에 달하였다.[10] 빈곤을 겪는 노인 중 다수가 교육 기회의 부족을 통해 저임금 노동에 종사하던 중 외환위기를 통해 큰 어려움을 겪었다. 그 여파로 노년기까지 경제적으로 취약한 상태에 놓이게 되었는데, 코로나 팬데믹을 통해 이 상황이 더욱 악화되었다.[11] 2021년 기초연금 지급액을 늘리는 등의 제도 정비가 이뤄졌지만, 빈곤은 쉽게 극복되지 않고, 고착화되고 있다. 빈곤을 겪는 노인은 경제적 궁핍에서 더 나아가 심리적 위축, 사회적 고립 등을 겪게 되는데, 이것이 심화되어 자살로 이어지기도 한다.[12]

노인 빈곤이 가지고 있는 또 다른 문제는 이것이 노인 폭력을 심화한다는 데 있다. 특히 빈곤 상황은 노인 학대를 가져온다. 노인 학대는 크게 정서적 학대, 신체적 학대, 방임, 경제적 학대, 성적 학대, 유기 등으로 구분된다.[13] 보건복지부의 조사에 따르면, 2022년 노인 학대 사례

---

10   국가인권위원회, 『2021 국가인권위원회 인권상황보고서』(서울: 국가인원위원회, 2022), 141.

11   위의 책, 141.

12   국가인권위원회, 『2022 국가인권위원회 인권상황보고서』(서울: 국가인원위원회, 2023), 124.

13   보건복지부,『2022 노인학대 현황보고서』(세종: 보건복지부, 2023), 81.

는 총 6,807건이었다.[14] 지난 2005년에는 2,038건이었지만, 해가 지날 수록 그 수가 지속적으로 증가하고 있다. 앞서 언급한 유형 중 한 가지 형태의 학대만 이뤄지지 않고, 여러 유형이 중첩되어 발생하고 있는 데, 그 비율을 보면, 정서적 학대가 전체 노인 학대 사례의 43.3%, 신체적 학대는 42.0%, 방임은 6.5%, 경제적 학대는 3.8%, 성적 학대는 2.5%, 유기는 0.3%를 차지하고 있다. 이러한 노인 학대는 주로 배우자와 자녀에 의해 이뤄지지만, 돌봄 기관과 시설 등에서 행해지는 경우도 적지 않다.[15] 이중 신체적 학대는 직접적 폭력의 양상을 나타낸다. 주목할 것은 학대피해노인의 85.7%는 경제 활동을 하지 않는 무직이고, 특히 17%는 국민기초생활보장 수급자라는 점이다.[16] 여기서 빈곤이 노인의 일상을 위협하는 폭력적 상황의 조성에 영향을 주고 있다는 점을 포착할 수 있다.

노인 빈곤은 이뿐만 아니라 노인에 대한 혐오를 강화한다. 혐오는 특정 개인이나 집단에 대한 미움과 불쾌를 내포하고 있는 감정이다.[17] 이 것은 차별, 배제, 증오범죄, 집단학살 등으로 발전할 수 있는 위험성을 가지고 있다. 이러한 측면에서 혐오는 직접적 폭력과 구조적 폭력을 심화하는 문화적 폭력에 해당한다. 노인도 혐오의 대상 중 하나이다. 이 현상은 노인의 연령적 특성에 따른 선입견과 일부 노인의 정치

---

14   위의 책, 81.

15   위의 책, 92.

16   위의 책, 133-34.

17   홍성수, 『말이 칼이 될 때 - 혐오표현은 무엇이고 왜 문제인가』 (서울: 어크로스, 2018), 24.

적 행위에 대한 판단을 통해 심화되었다. 노인이 인지 능력과 신체 능력 저하로 활발히 일할 수 없고, 오히려 제도화된 돌봄을 통해 많은 사회적 비용과 인력을 낭비하게 하는 계층이라는 인식이 사회 안에 확산되었다.[18] 그리고 특정 정치 세력에 적극 동조하여 활동하거나 가짜뉴스의 유통에 기여한 계층으로 이해되기도 하였다.[19] 이를 통해 노인이 사회적 기여도가 없고, 폐쇄적인 사고를 하는 존재라는 부정적 인식이 사회 안에 자리 잡았다. 이 인식은 온오프라인 상의 혐오 표현으로 이어졌고, 그 결과 코로나 팬데믹 과정에서 노인의 생명을 희화화하는 표현이 유행하기도 하였다.[20] 노인 빈곤은 이미 확산된 노인에 대한 부정적 인식을 공고화하는 역할을 하며, 혐오를 촉진할 가능성을 지니고 있다. 이것은 고용에서의 연령차별로 이어짐으로써 빈곤을 재생산하는 결과를 가져올 수도 있다. 이러한 측면에서 개인의 노력만으로 해결될 수 없고, 학대와 혐오를 야기하는 노인 빈곤의 극복이 시급히 필요하다. 이를 위해 노인이 다른 연령층과 동등하게 존중받으며, 인간다운 삶을 영위해야 한다는 인식이 확산되고, 그 현실화를 위한 구체적 조치가 시행되어야 한다. 이에 따라 먼저 노인의 존엄성에 대한 인식 확산과 제도 구축을 돕는 이론 체계가 정립되어야 한다. 그런 점에서 마갈릿의 철학적 기획이 검토될 필요가 있다.

18　최성훈, "코로나19 관련 노인차별에 대한 공공신학적 분석 - 위험인식, 여가와 돌봄, 사회적 자본을 중심으로", 『선교와 신학』 제55집 (2021. 10): 429-30.

19　송진순, "한국 사회의 노인혐오 현상과 돌봄의 신학과 영성", 『신학과 실천』 제76호 (2021. 9): 252.

20　국가인권위원회, 『2021 국가인권위원회 인권상황보고서』 (서울: 국가인원위원회, 2022), 149.

III. 품위 있는 사회와 노인의 존엄성

인간이 존엄한 존재라는 기본 인식을 가지고 있었던 마갈릿은 인간을 존중하는 사회를 위한 이론을 모색하는 데 관심을 가졌다. 이를 위해 그는 먼저 존 롤스(John Rawls)의 사회철학을 비판적으로 검토하였다.[21] 마갈릿은 롤스의 구상이 정의로운 사회를 지향하고 있다고 보았다. 정의 개념은 기본적으로 평등의 가치와 연결되어 있다. 이에 부합하듯이 롤스는 개인의 자유와 권리를 강조했지만, 사회 안에 평등의 요소가 함께 기능해야 한다는 점을 부각하였다.[22] 이 생각은 그의 차등 원칙의 개념 속에서 잘 드러난다. 그는 사회적 불평등이 만연한 사회에서 사회적 혜택을 많이 받는 사회 구성원의 자유와 권리를 침해하기보다 그 혜택을 적게 받는 사회 구성원에게 차별적인 도움을 제공하는 것이 옳다고 보았다.[23] 이러한 차등 원칙의 구현은 사회 구성원의 합의에 기초하고 있다. 이 합의에 의한 체계를 통해 그동안 혜택을 적게 받았던 최소 수혜자의 사회적 명예가 회복되고, 사회는 보다 정의로워질 수 있다.

마갈릿은 롤스의 구상이 정의로운 사회의 구현을 가져올 수 있지만, 인간을 존중하는 사회를 위한 기획으로는 부적합하다고 판단하였다. 롤스의 정의론은 사회 구성원의 합의를 전제로 하고 있는데, 이는 엄밀히 말해 시민에 국한된다. 시민은 그 사회에서 요구되는 특정 기준

---

21   Avishai Margalit, *The Decent Society*, 신성림 역, 『품위 있는 사회』 (경기: 동녘, 2008), 282-92.

22   롤스의 정의론에 관한 설명은 다음을 참고하라. 김성수, "능력주의의 문제와 법의 역할 - 볼프강 후버의 법윤리의 적용", 15.

23   John Rawls, *Eine Theorie der Gerechtigkeit* (Frankfurt a. M.: Suhrkamp, 2014), 81.

을 충족하는 구성원이다. 이들의 합의 속에서 이들에 대한 자유와 평등의 추구가 이뤄진다. 시민에 속하지 못한 주민, 특히 외국계 주민은 합의의 당사자가 아니기 때문에 사회적 혜택의 대상에서 제외될 가능성이 존재한다.[24] 또한 마갈릿은 최소 수혜자가 차등 원칙에 의한 혜택을 받게 되면, 사회적 명예가 회복된다는 롤스의 주장에 주목하였다. 롤스는 여기서 생기는 감정을 자존감(self-respekt) 혹은 자부심(self-esteem)이라고 표현하였다.[25] 이 명예 회복의 과정이 성사되지 않으면, 자존감 혹은 자부심이 상실되고, 수치심을 경험하게 된다. 마갈릿은 롤스가 설명한 감정이 엄밀한 의미에서 자존감이 아닌 자부심에 해당한다고 판단하였다. 사회적 혜택을 받지 못함으로써 수치심을 느꼈던 최소 수혜자는 정의로운 체계를 통해 자부심을 가지게 되는데, 이것은 외부의 평가를 통한 명예 회복을 의미한다.[26] 마갈릿은 자부심이 아닌 자존감이 형성될 때 인간 존중이 이뤄지는 것이라 판단하였다.[27] 외부의 평가가 아닌 자기 자신으로부터 생성된 존중감이 나타날 때 인간 존중이 실현되는 것이다. 이러한 측면에서 마갈릿에게 롤스의 구상은 모든 사회 구성원을 대상으로 삼지 않을 뿐만 아니라 인간 존중의 현실화를 가져오지 못하는 한계를 지니고 있다. 그런 점에서 이것은 보편적 차원의 인간 존중을 구현하는 사회 이론으로 부적합하다.

---

24 Avishai Margalit, *The Decent Society*, 286.

25 John Rawls, *Eine Theorie der Gerechtigkeit*, 479-80.

26 Christian Neuhäuser, "In Verteidigung der anständigen Gesellschaft," in *Menschenwürde und Demütigung. Die Menschenwürdekonzeption Avishai Margalits* (Baden-Baden: Nomos, 2013) 120.

27 Avishai Margalit, *The Decent Society*, 56-57.

마갈릿은 롤스와 차별화된 철학적 기획을 전개하고자 하였다. 이를 위해 그는 인간 존엄성의 침해가 발생하는 부정적 상황에 집중하였다. 인간 존중이 이뤄지지 않는 부정적 상황은 누구나 겪을 수 있다는 점에서 보편성을 지니고 있다. 시민만이 대상이 아니라 사회 구성원 모두가 공유할 수 있는 경험인 것이다. 이 상황은 인간 존엄성의 손상을 의미하고, 그 극복은 인간 존중의 실현을 뜻한다. 마갈릿이 주목한 부정적 상황은 바로 모욕을 받는 상황이다. 모욕(humiliation)은 말, 행동, 환경 등의 요소를 통해 이뤄지는데, 이것은 자존감의 손상을 가져온다.[28] 자기존중의 감정이 훼손되면, 인간 존엄성도 위협을 받는다. 이러한 측면에서 모욕이 부재한 비모욕의 상태가 중요하다.

그러나 마갈릿은 사회 구성원 사이에 이뤄지는 모욕에는 관심을 두지 않았다. 여기서 모욕은 개인의 덕스러운 행동을 통해 최소화될 수 있다. 이는 문명화된 사회(civilized society)에서 어렵지 않게 성사될 수 있다.[29] 개인이 느끼는 모욕은 그 기준이 매우 주관적이다. 그래서 누군가에게 모욕적인 행동이 누군가에게는 모욕적이지 않을 수 있다. 이처럼 모욕의 기준이 객관적이지 않기 때문에 대상의 정밀성을 요구하는 철학적 성찰이 이뤄지기가 어렵다.[30] 따라서 개인 사이의 모욕이 아닌 개인에 대한 사회적 차원의 모욕만이 사유의 대상이 될 수 있다. 그런 점에서 제도를 통해 모욕이 이뤄지는 상황이 문제 상황이며, 그 개선의 방향을 모색하는 것이 철학적 작업을 통해 이뤄져야 하는 것이

---

28   위의 책, 23.

29   위의 책, 15.

30   위의 책, 23.

다.[31] 제도를 통한 모욕의 감소는 자존감의 증진으로 이어진다. 이와 같은 모욕의 경험과 극복은 시민 여부와 관계없이 그 사회 안에서 살아가는 구성원 전체에 해당한다.[32] 이처럼 제도에 의한 모욕의 제거는 보편적 차원의 인간 존중이 구현되는 사회의 형성을 가져온다. 마갈릿은 이러한 사회를 품위 있는 사회(decent society)라고 규정하였다.[33]

품위 있는 사회를 위해서는 제도에 의한 모욕이 극복되어야 한다. 마갈릿은 그 기준을 임마누엘 칸트(Immanuel Kant)의 인간 존엄성 개념을 활용하여 설명하였다. 칸트의 구상은 자유 개념에 토대를 두고 있다. 그에 따르면, 인간은 이성적 존재이기 때문에 선의 개념을 이해하고, 이를 추구할 수 있는 의지를 지니고 있다. 그래서 정념을 이겨내고, 보편적 행동 양식에 상응하는 행동을 설정하고, 추구함으로써 옳은 삶을 구현할 수 있다.[34] 인간은 속박으로부터 벗어난 상태에서 목표를 정립하고, 지향할 수 있는 자율적인 존재이다. 이 자기 입법의 능력 때문에 인간은 존엄한 존재로 평가받아야 한다. 존엄한 존재로 대우하는 것은 인간을 도구화하지 않고, 그 자체로 존중하며, 목적으로 대하

---

31 위의 책, 15.

32 마갈릿은 품위 있는 사회의 보편적 향유를 위해 상징적 시민권(symbolic citizenship)에 대한 인식 확산이 필요하다고 보았다. 이것은 법적 차원의 실질적 시민권이 아닌 사회가 가진 상징적 부를 공유하는 것을 뜻한다. 마갈릿은 그 현실화를 통해 비구성원이 배제당하거나 모욕당하지 않는 사회의 형성이 이뤄질 수 있다는 점을 강조하였다. 위의 책, 174-76.

33 위의 책, 15.

34 Immanuel Kant, "Kritik der praktischen Vernunft," in *Kritik der praktischen Vernunft, Grundlegung zur Metaphysik der Sitten* (Frankfurt a. M.: Suhrkamp, 1982), 140.

는 것을 의미한다.[35] 이러한 칸트의 생각을 수용한 마갈릿은 그 실현을 막는 거부를 모욕의 첫 번째 기준으로 규정하였다.

> 모욕은 한 인간을 '인간의 가족'에서 배제하는 것, 인간을 비인간으로 대하거나 마치 인간이 아닌 것처럼 대하는 것이다. 사람들을 마치 인간이 아닌 것처럼 대하는 것은 그들을 물건이나 동물처럼 대하는 것이다. 모욕적인 의식이나 동작이 중요한 역할을 하는 것은 사람들을 '마치 어떠한 것인 양' 대하는 행동이 모욕에 포함되기 때문이다. 마치 생명 없는 물건인 것처럼, 도구인 것처럼, 짐승인 것처럼 대하는 행동이 그렇다.[36]

거부는 인간을 동등한 인격체로 대하지 않는 것을 뜻한다. 인간을 도구화하고, 교환가능한 물건처럼 대하는 상황이 이에 속한다. 이것은 인간을 동물 혹은 인간 이하의 존재로 대하는 상황으로 확장된다. 제도를 통해 이러한 상황이 조성될 때 인간은 모욕을 경험하게 된다. 수단화되고, 차별을 겪게 된 인간은 자존감의 손상을 입게 되고, 그 존엄성의 위협을 느끼게 된다. 마갈릿은 이와 함께 칸트가 말한 자율성이 상실될 경우도 모욕의 상황에 해당한다는 점을 강조하였다.[37] 소극적 자유와 함께 적극적 자유의 가능성이 차단되어 통제력이 상실되면, 모욕의 상황에 놓인 것이다. 전체주의 사회에서 찾아볼 수 있는 이러한

---

35 Immanuel Kant, *Die Metaphysik der Sitten* (Frankfurt a. M.: Suhrkamp, 1982), 600.

36 Avishai Margalit, *The Decent Society*, 123.

37 위의 책, 160.

상황은 자존감의 상실과 인간 존엄성의 경시로 이어진다.[38]

마갈릿의 구상은 노인에 대한 인식 개선과 제도 구축에 도움을 주는 중요한 통찰을 제공해 준다. 노인은 인간이기 때문에 그에 부응한 존중을 받으며 살아야 한다. 인간으로서의 존엄과 가치를 보호받고, 향유해야 하는 것이다. 노인 빈곤은 이러한 노인의 존엄성을 위협하는 현상이다. 이것은 구조적 폭력으로서 자율성에 기초한 능동적인 삶을 저해한다. 그런 점에서 노인 빈곤은 노인에게 모욕을 안겨준다. 이것은 제도의 개선을 통해 극복되어야 한다. 그런 점에서 빈곤 극복을 위한 정책과 법률의 변화가 필요하다. 이와 같은 노인 빈곤의 해소를 위한 노력은 노인의 존엄성을 보호함으로써 품위 있는 사회로의 변화를 가져오게 된다.

IV. 기독교 신앙과 노인의 존엄성

앞서 설명한 칸트의 이해는 인간 존엄성의 개념 정립에 큰 공헌을 하였다. 인간의 도구화를 금지하는 그의 생각은 특히 법 영역에서 인간의 존엄과 가치를 보호하는 기본 규범으로 이해되고 있다.[39] 그러나 인간이 존엄한 존재로 간주된 것은 이보다 오랜 역사를 가지고 있다. 고대 그리스 시대부터 인간은 이성을 가지고 있기 때문에 다른 동식물과

---

38 마갈릿은 칸트의 구상을 활용했지만, 그 한계를 지적하기도 하였다. 그에 따르면, 모든 인간이 자기 입법의 능력을 가지고 있지만, 도덕적 역량의 차이가 존재한다. 따라서 일정 수준 이상의 준칙 설정이 쉽지 않다. 이것은 보편적으로 악한 것이라 느낄 수 있는 목표 설정이 이뤄진 역사적 사례에서 찾아볼 수 있다. 마갈릿은 칸트의 생각이 이론적이며, 이상적이라 판단하였고, 그와 달리 실현가능하고, 실증적인 구상이 필요하다고 보았다. 위의 책, 75-76.

39 Wolfgang Huber, "Rechtsethik," in *Handbuch der evangelischen Ethik* (München: C. H. Beck, 2013), 156.

차별성을 지닌 고귀한 존재로 이해되었다. 이러한 생각을 이어받은 키케로가 처음으로 인간의 존엄(dignitas)을 인간 종의 특질을 부각하는 개념으로 체계화하였다.[40]

기독교 신앙도 인간의 우월한 지위를 강조함으로써 인간의 존엄과 가치를 분명히 드러내었다. 이것은 기본적으로 인간이 하나님의 형상으로 창조되었다는 점(창 1:26)에 근거하고 있다. 인간은 하나님과 유사한 점을 가지고 있기 때문에 다른 동식물보다 우월하고, 고귀하다. 남성과 여성 모두 하나님의 형상을 닮았기 때문에 이 고귀함은 모든 인간에게 예외 없이 주어졌다.[41] 물론 인간은 하나님과 유사점을 가지고 있지만, 하나님보다 조금 못한 존재(욥 7:17; 시 8:6)로서 하나님과 분명한 차이를 지니고 있다.[42]

하나님의 형상이 의미하는 바에 대해 기독교 역사 속에서 다양한 해석이 시도되었다. 이를 이성으로 이해하는 입장, 언어 능력으로 이해하는 입장 등이 존재해 왔다. 이와 함께 많은 지지를 얻고 있는 해석은 하나님의 형상이 가지고 있는 본질을 관계성으로 이해하는 입장이다.[43] 인간은 관계적 존재인 하나님을 닮아 창조되었고, 하나님과의 관

---

40   Martin Honecker, *Evangelische Ethik als Ethik der Unterscheidung* (Münster: LIT, 2010), 191.

41   Helga Kuhlmann, "Menschenwürde," *Evangelische Theologie* 66/6 (December 2006): 462.

42   Wolfgang Huber, "Menschenwürde," in *Evangelische Ethik Kompakt. Basiswissen in Grundbegriffen* (Gütersloh: Gütersloher Verlagshaus, 2015), 144.

43   Wolfgang Huber, *Glaubensfragen. Eine evangelische Orientierung* (München: C. H. Beck, 2017), 88. 독일 신학자 디트리히 본회퍼(Dietrich Bonhoeffer)는 이전까지 지배적이었던 존재의 유비(analogia entis) 대신 관계의 유비(analogia relationis)를 통해 하나님과 인간

계를 기초로 동료 인간, 동료 피조물과의 관계를 형성하며 살아간다. 관계적 존재라는 유사점에 기초하여 인간은 고귀한 존재로 인정받게 된다.

주목해야 할 것은 존엄의 범위가 인간의 영혼에 국한되지 않는다는 점이다. 고대 그리스 사회에서 인간은 영혼과 육체로 구성되어 있다고 이해되었다. 이데아를 감각 세계와 대비시키고, 그 우월성을 강조했던 플라톤은 이를 감지하는 영혼이 육체보다 우선성을 지니고 있다고 보았다.[44] 영혼은 불멸하는 것으로서 출생과 더불어 감옥과 같은 육체에 잠시 머물게 된다. 이러한 측면에서 영혼은 육체보다 우월하다. 영혼에 대한 구체적인 이해는 상이하지만, 그에 대한 관심은 근대 이후에도 존재하였다. 영혼의 일부로서 지, 정, 의를 바탕으로 진, 미, 선을 추구할 수 있는 능력인 이성이 높은 위상을 차지하였기 때문이다. 앞선 칸트의 설명에서 알 수 있듯이 인간은 이성을 가지고 있다는 점 때문에 존엄하다고 이해되었다. 여기서 인간 존엄성은 이성에 근거하고, 인간의 이성적 측면을 그 범위로 두고 있다. 이와 달리 성서는 인간을 영혼과 육체의 합일체로 묘사하며, 그 전인성을 강조하였다.[45] 루터와 칼빈 등 종교개혁자들도 이러한 인식을 공유하였다. 그런 점에서 기독교 신앙은 인간의 영혼뿐만 아니라 육체 역시 존엄의 대상이라는 인식

의 관계를 해석하였다. 그는 인간이 타자를 위해 자유로운 존재인 하나님과 유사점을 지니고 있고, 이에 기초하여 동료 인간과 사회관계를 형성한다는 점을 강조하였다. Dietrich Bonhoeffer, *Schöpfung und Fall* (Gütersloh: Gütersloher Verlag, 1989), 60-61.

44   Plato, *Politeia,* 최현 역, 『국가론』 (서울: 집문당, 2012), 406-7.

45   Dietrich Bonhoeffer, *Schöpfung und Fall*, 71.

을 가지고 있다.[46] 따라서 인간의 영혼과 육체는 모두 고귀하다. 이로부터 인간 존재 전체에 대한 존중이 요구된다.[47]

인간의 존엄과 가치에 대한 인식은 칭의론을 통해 정교화된다.[48] 가톨릭은 인간의 능력과 가능성을 높이 평가하였고, 이에 따라 인간의 행위가 구원에 미치는 영향을 긍정하였다. 루터는 이와 대비되게 인간의 무력함과 죄성을 강조하였고, 이 연장선상에서 구원에 대한 행위의 기여를 제한하였다. 그에게 구원은 하나님 앞에서 인간이 죄인이라는 점을 인식하고, 예수 그리스도 안에 나타난 하나님의 은혜를 신뢰할 때 가능한 것이다.[49] 이 신뢰는 행위에 대한 부담에서 벗어나 진정한 자유를 누리게 해준다. 이처럼 인간은 하나님의 은혜와 믿음을 통해 의롭다는 인정을 받고, 새로운 기회를 얻게 된다. 인간은 하나님에 의해 은혜를 누리고, 인정받은 존재라는 점에 기초하여 고귀하다는 평가를 얻는다. 존엄한 존재라는 인간의 가치는 인간의 행위를 통해서가 아니라 철저히 하나님을 근원으로 삼고 있는 것이다.

칭의의 사건 속에서 인간은 주어진 조건의 순수한 결과 혹은

46   Dietrich Bonhoeffer, *Ethik* (Gütersloh: Gütersloher Verlag, 1992), 180.

47   Wolfgang Huber, *Gerechtigkeit und Recht*, 301.

48   하나님과 유사점을 가지고 창조되었지만, 타락해버린 인간을 고귀한 존재로 이해해야 한다는 요구에 대한 신학적 반론이 적지 않았다. 그런 점에서 하나님의 형상 개념을 보완하고, 인간 존엄성 개념을 정교화하기 위해 칭의론이 조명 받았다. Hartmut Kreß, *Ethik der Rechtsordnung. Staat, Grundrechte und Religionen im Licht der Rechtsethik* (Stuttgart: Kohlhammer, 2012), 144.

49   Traugott Jähnichen, "Der gerechtfertigte Mensch in den Ordnungen der oikonomia," in *Rechtfertigung - folgenlos?* (Leipzig: Evangelische Verlagsanstalt, 2017), 132.

자신에 근거한 정의를 통해 자기 존재를 경험하는 것이 아니다. 인간의 존엄성은 스스로에 의해 증명될 수 있는 것으로 이해될 수 없다. 이것은 하나님의 의롭다 하시는 은혜를 통해 그에게 주어졌다. 그래서 인간이 은혜를 통해 의롭다는 인정을 받았다는 명제는 지금까지 이어져 오던 철학적 인간 규정을 대신하여 개신교 신학의 인간 이해를 형성한다.[50]

이처럼 칭의론은 인간의 능력과 업적이 아닌 하나님의 은혜와 인정에 기인한 인간의 존엄과 가치를 설명하고 있다. 이로부터 고귀한 인간을 함부로 처분할 수 없다는 규범적 인식이 도출된다.[51]

또한 성령의 존재도 인간의 고귀함을 보장한다. 하나님의 영은 구약성서에서 창조와 돌봄(창 1:2; 시 104:30)을 수행한 것으로 묘사된다. 그러나 인간의 타락은 그 지속적 현존을 막는 역할을 하였다(창 6:3).[52] 신약성서는 그럼에도 불구하고 인간을 위해 활동하는 성령의 모습을 구체적으로 설명한다. 특히 성령은 예수 그리스도의 성육신, 세례, 부활 사건에 깊이 관여하였고, 교회 공동체의 활동을 촉진하였다. 하나님의 은혜와 믿음을 통해 하나님의 자녀가 된 사람은 죄로부터의 자유를 경험하며, 성령의 자녀로서 새로운 삶을 시작하게 된다.[53] 성령이

50   Wolfgang Huber, *Gerechtigkeit und Recht*, 274-75.

51   Wolfgang Huber, Heinz Eduard Tödt, *Menschenrechte. Perspektiven einer menschlichen Welt* (München: Kreuz Verlag, 1977), 184.

52   Wolfhart Pannenberg, *Anthropologie in theologischer Perspektive* (Göttingen: Vandenhoeck & Ruprecht, 1983), 507.

53   Helga Kuhlmann, "Menschenwürde," 466.

머물고, 활동한다는 점에서 인간은 고귀한 존재라는 정체성을 획득하게 된다. 이 정체성은 완전한 하나님 나라가 도래할 때까지 이어진다. 이 과정에서 성령은 존엄한 인간이 이웃 사랑을 실천할 수 있도록 덕스러운 행동을 촉진한다.

이처럼 하나님의 형상, 예수 그리스도 안에 나타난 하나님의 은혜와 인정, 성령의 활동에 근거하여 인간이 존엄하다는 인식이 정립된다. 이러한 경험과 변화는 연령과 무관하다.[54] 그래서 노인 역시 이러한 인간 규정을 공유하고 있다. 이에 따라 존엄과 가치를 지닌 존재로 인정받아야 한다. 특히 노인의 영혼과 육체 모두 존중받아야 하고, 함부로 처분되어선 안 된다. 이것은 완전한 하나님 나라가 도래할 때까지 유효한 요구이다. 그러나 빈곤은 구조적 폭력의 형태로 노인의 존엄성을 훼손하고, 그 삶을 피폐하게 만들고 있다. 이를 해소하기 위해 제도의 변화가 필요하다. 교회는 완전한 하나님 나라에 비해 상대적인 가치를 지니고 있는 현존 제도의 개선을 위해 노력해야 할 공적 책임을 지니고 있다.[55] 그래서 노인의 존엄성을 위한 도구로 기능할 수 있는 법에 주목하고, 그 증진을 위한 방안의 현실화에 관심을 기울여야 한다.

V. 노인 빈곤의 극복을 위한 법윤리적 과제

노인에게 경제적 궁핍으로 인한 고통을 안겨주는 빈곤은 19세기 말

---

54 Evangelische Kirche in Deutschland, *Im Alter neu werden können. Evangelische Perspektiven für Individuum, Gesellschaft und Kirche* (Gütersloh: Gütersloher Verlagshaus, 2009), 39.

55 김성수, "공적 교회의 위기와 그 역할의 재설정", 『기독교사회윤리』 제56집 (2023. 8): 161-63.

까지만 해도 게으름과 나태의 산물로 여겨졌다. 이것이 근면, 성실을 비롯한 개인의 덕스러운 행동을 통해 극복되어야 할 사안이기 때문에 빈곤층에 대한 복지는 불필요하다는 의견이 나타나기도 하였다. 그러나 20세기 중반 이후 빈곤은 정의롭지 않은 사회구조에 의해 파생된 것이라는 인식이 확산되었다. 이로 인해 이것은 개인의 노력으로 쉽게 해결될 수 없는 사안으로서 제도의 개선을 통해 극복될 수 있다고 이해되었다.

이와 같은 맥락에서 노인 빈곤 문제도 현존 법률의 변화를 필요로 한다. 기본적으로 빈곤을 겪고 있는 노인은 충분한 자산을 보유하고 있지 않다. 이는 재화가 사회 안에서 불평등하게 구성원 각자에게 주어져 있다는 것을 뜻한다.[56] 그래서 각자에게 각자의 것(suum cuique)이 주어질 수 있도록 분배의 정의가 이뤄져야 한다. 이러한 측면에서 앞서 롤스가 말한 것처럼 사회적 혜택의 최소 수혜자인 노인에게 실질적 도움을 줄 수 있는 복지 제도의 확충이 필요하다. 경제적 지원을 통해 분배의 정의를 실현하는 법률이 강화되어야 하는 것이다. 그러나 이것은 정치 상황과 밀접하게 연결되어 있기 때문에 그 지속성의 유지가 쉽지 않다.[57]

이러한 측면에서 분배 정의의 구현과 함께 노인 빈곤의 극복을 위한 또 다른 노력이 병행되어야 한다. 그것은 노인이 노동을 통해 궁핍의

---

56 Wolfgang Huber, Hans-Richard Reuter, *Friedensethik* (Stuttgart: Kohlhammer, 1990), 349.

57 Evangelische Kirche in Deutschland, *Gerechte Teilhabe. Befähigung zu Eigen-verantwortung und Solidarität. Eine Denkschrift des Rates der Evangelischen Kirche in Deutschland zur Armut in Deutschland* (Gütersloh: Gütersloher Verlagshaus, 2006), 10.

상황에서 벗어나도록 돕는 것이다. 노동은 성서적 근거를 가지고 있다. 하나님은 첫 번째 인간에게 피조세계를 가꾸고, 돌볼 것을 요구(창 2:15)하셨다. 이 행위를 통해 인간은 하나님의 활동에 참여하게 되고, 이로 인해 복의 영위를 경험하게 된다.[58] 노동의 요구는 하나님에 의한 것이기 때문에 근본적으로 신적인 성격을 가지고 있다. 이는 타락 이후에도 훼손되지 않고, 유지된다. 이러한 측면에서 노동은 완전한 하나님 나라의 도래가 이뤄질 때까지 이어져야 하는 하나님에 의해 위임된 과제이다.[59]

노동은 이와 함께 생계유지를 위한 행위라는 함의를 가지고 있다. 삶에 필요한 재화의 확보를 위해 이뤄져야 하는 행위인 것이다.[60] 산업혁명 이후 노동의 가능성이 확보되지 않거나 열악한 노동 조건 속에 일해야 하는 노동자들이 그 해결을 위해 투쟁을 벌이면서 노동권에 대한 관심이 증가하였다. 그 결과 이것은 1948년 세계인권선언과 1966년 경제적, 사회적 및 문화적 권리에 관한 국제규약(이하 사회권규약)에 포함됨으로써 보편적인 인권의 하나로 자리 잡았다. 이에 따라 인간은 생계유지를 위해 일을 해야 하고, 이 과정에서 적절한 노동 조건이 보장되어야 한다는 인식이 일반화되었다.[61]

노동권의 실현은 노인 빈곤의 극복을 위한 중요한 전제이다. 임금 노

---

58 Dietrich Bonhoeffer, *Ethik*, 57.

59 위의 책, 55.

60 Trutz Rendtorff, *Ethik. Grundelemente, Methodologie und Konkretionen einer ethischen Theologie, Bd.2* (Stuttgart: Kohlhammer, 1981), 26.

61 Martin Honecker, *Das Recht des Menschen. Einführung in die evangelische Sozialethik* (Gütersloh: Gütersloher Verlagshaus, 1978), 75-77.

동은 경제적 곤궁에서 벗어날 가능성을 높여준다. 그래서 노인이 자신의 역량을 활용하여 일할 수 있는 여건이 최대한 마련되어야 한다. 그러나 노인의 노동 가능성은 사회 안에서 자율적으로 증진되기가 어렵다. 일자리는 노동 시장의 상황과 밀접하게 연결되어 있다. 경제 상황이 좋지 않으면 일자리가 줄어들고, 노동 조건 역시 열악해진다. 그래서 노인의 노동을 지속적으로 보장하고, 더 나아가 이를 증진하기 위해서는 강제적 규범이 필요하다. 일할 권리의 보장을 촉진할 수 있는 법률의 개선이 이뤄져야 하는 것이다. 이러한 측면에서 노인의 노동을 가로막는 연령제한의 규정이 좀 더 유연해질 필요가 있다.[62] 노인 인구가 증가하는 현실에서 전문화된 지식과 기술을 갖춘 노인 역시 늘어나고 있는데, 다양한 직업군에 존재하는 연령제한은 이러한 인력의 활용을 불가능하게 하고, 이들의 생계유지 역시 어렵게 만들고 있다. 그런 점에서 노인의 일할 권리를 증진하는 차원에서 연령 규정의 조정이 논의되고, 현실화되어야 한다.

이와 함께 노인의 노동 조건의 보장이 이뤄져야 한다. 특히 노동에 상응하는 적정한 임금이 주어져야 한다.[63] 연령에 의한 차별 없이 동일 노동에 대한 동일 임금의 원칙이 존중받아야 하는 것이다. 또한 세계인권선언 제23조 제3항과 사회권규약 제7조가 부양가족의 생계를 책임질 수 있을 정도로 임금이 주어져야 한다는 점을 밝히고 있는 것과 달리 이것이 노인만의 삶을 영위하기에도 부족하게 지급되고 있는 현

---

62 Evangelische Kirche in Deutschland, *Im Alter neu werden können*, 54-56.

63 Traugott Jähnichen, "Wirtschaftsethik," in *Handbuch der evangelischen Ethik* (München: C. H. Beck, 2015), 358.

실도 개선되어야 한다.[64]

교회는 인간의 삶을 규율하고 있는 법이 상대적인 가치를 지니고 있다는 점을 인식하며, 완전한 하나님 나라를 기준으로 삼아 그것이 좀 더 정의로워지는 데 관심을 가져야 한다.[65] 이것은 동료 인간의 삶을 더 나은 상태로 변화시킨다는 점에서 이웃 사랑을 구현하는 일에 해당한다. 이러한 측면에서 교회는 노인 빈곤의 극복을 위해 법에 대한 성찰에 힘써야 한다. 법에 대한 비판과 그 개선을 위한 적극적인 의견 개진을 통해 분배 정의의 실현뿐만 아니라 노동권의 보장과 노동 조건의 증진이 이뤄질 수 있도록 노력을 기울여야 한다. 이러한 교회의 노력은 노인 빈곤이 감소되고, 사회적 기여도가 전무한 존재로 간주되는 노인에 대한 인식이 개선되는 데 기여하게 될 것이다.

VI. 나가는 말

노인 인구가 증가하고 있는 한국사회에서 노인 폭력 역시 늘어나고 있다. 개인의 노력만으로 해결될 수 없는 구조적 폭력인 노인 빈곤은 직접적 폭력인 노인 학대와 문화적 폭력인 노인 혐오를 심화함으로써 많은 우려를 낳고 있다. 그 극복을 위해 폭력적 상황에 놓인 노인의 존엄성에 대한 인식 확산과 그 제도 개선의 필요성이 강조되어야 한다. 이를 위한 이론적 근거의 정립에 마갈릿의 철학적 기획이 유의미한 공헌을 할 수 있다. 그 적용을 통해 노인이 제도에 의한 모욕을 겪고 있다는 인식과 노인의 존엄성이 보장되는 품위 있는 사회의 형성을 위해

---

64   위의 책, 358.

65   Wolfgang Huber, *Gerechtigkeit und Recht*, 171.

구조적 변화가 필요하다는 인식을 구축할 수 있다. 또한 하나님의 형상, 예수 그리스도 안에 나타난 하나님의 은혜와 인정, 성령의 활동에 근거하여 인간을 존엄한 존재로 이해하고, 불완전한 현존 제도의 개선을 위한 교회의 공적 책임을 강조하는 기독교 신앙 역시 노인 빈곤의 극복에 필요한 이론적 토대를 제공해 준다. 특히 교회는 법을 도구로 활용하여 빈곤의 상황을 개선함으로써 이웃 사랑을 구현해야 한다. 분배의 정의가 실현되고, 노동의 기회가 확보되며, 노동 조건의 개선이 이뤄질 수 있도록 힘써야 하는 것이다. 이러한 교회의 법윤리적 노력은 노인 빈곤의 극복과 노인에 대한 부정적 인식의 변화에 영향을 미침으로써 노인의 존엄성이 존중받는 품위 있는 사회의 형성에 기여하게 될 것이다.

참고문헌

Bonhoeffer, Dietrich. *Schöpfung und Fall*. Gütersloh: Gütersloher Verlag, 1989.

_____. *Ethik*. Gütersloh: Gütersloher Verlag, 1992.

Evangelische Kirche in Deutschland. *Gerechte Teilhabe. Befähigung zu Eigenverantwortung und Solidarität. Eine Denkschrift des Rates der Evangelischen Kirche in Deutschland zur Armut in Deutschland*. Gütersloh: Gütersloher Verlagshaus, 2006.

_____. *Aus Gottes Frieden leben - für gerechten Frieden sorgen. Eine Denkschrift des Rates der Evangelischen Kirche in Deutschland*. Gütersloh: Gütersloher Verlagshaus, 2007.

_____. *Im Alter neu werden können. Evangelische Perspektiven für Individuum, Gesellschaft und Kirche*. Gütersloh: Gütersloher Verlagshaus, 2009.

Honecker, Martin. *Das Recht des Menschen. Einführung in die evangelische Sozialethik*. Gütersloh: Gütersloher Verlagshaus, 1978.

_____. *Evangelische Ethik als Ethik der Unterscheidung*. Münster: LIT, 2010.

Huber, Wolfgang. *Gerechtigkeit und Recht. Grundlinien christlicher Rechtsethik*. Gütersloh: Gütersloher Verlagshaus, 2006.

_____. "Rechtsethik." In *Handbuch der evangelischen Ethik*. München: C. H. Beck, 2013, 125-93.

_____. *Ethik. Die Grundfragen unseres Lebens von der Geburt bis zum Tod*. München: C. H. Beck, 2015.

_____. "Menschenwürde." In *Evangelische Ethik Kompakt. Basiswissen in Grundbegriffen*. Gütersloh: Gütersloher Verlagshaus, 2015, 139-45.

_____. *Glaubensfragen. Eine evangelische Orientierung*. München: C. H. Beck, 2017.

_____. and Tödt, Heinz Eduard. *Menschenrechte. Perspektiven einer menschlichen Welt*. München: Kreuz Verlag, 1977.

_____. and Reuter, Hans-Richard. *Friedensethik*. Stuttgart: Kohlhammer, 1990.

Jähnichen, Traugott. "Wirtschaftsethik." In *Handbuch der evangelischen Ethik*. München: C. H. Beck, 2015, 331-400.

_____. "Der gerechtfertigte Mensch in den Ordnungen der oikonomia." In *Rechtfertigung - folgenlos?*. Leipzig: Evangelische Verlagsanstalt, 2017, 130-48.

Kant, Immanuel. "Kritik der praktischen Vernunft." In *Kritik der praktischen Vernunft, Grundlegung zur Metaphysik der Sitten*. Frankfurt a. M.: Suhrkamp, 1982, 103-302.

_____. *Die Metaphysik der Sitten*. Frankfurt a. M.: Suhrkamp, 1982.

Kreß, Hartmut. *Ethik der Rechtsordnung. Staat, Grundrechte und Religionen im Licht der Rechtsethik*. Stuttgart: Kohlhammer, 2012.

Kuhlmann, Helga. "Menschenwürde." *Evangelische Theologie* 66/6 (December 2006): 455-69.

Neuhäuser, Christian. "In Verteidigung der anständigen Gesellschaft." In *Menschenwürde und Demütigung. Die Menschenwürdekonzeption Avishai Margalits*. Baden-Baden: Nomos, 2013, 109-25.

Pannenberg, Wolfhart. *Anthropologie in theologischer Perspektive*. Göttingen: Vandenhoeck & Ruprecht, 1983.

Rawls, John. *Eine Theorie der Gerechtigkeit*. Frankfurt a. M.: Suhrkamp, 2014.

Rendtorff, Trutz. *Ethik. Grundelemente, Methodologie und Konkretionen einer ethischen Theologie*. Bd.2. Stuttgart: Kohlhammer, 1981.

Benjamin, Walter. "Zur Kritik der Gewalt". 최성만 역.『발터 벤야민 선집 5』. 서울: 길, 2017, 77-117.

Galtung, Johan. *Peace by Peaceful Means*. 강종일, 정대화, 임성호, 김승채, 이재봉 역.『평화적 수단에 의한 평화』. 서울: 들녘, 2000.

Plato. *Politeia*. 최현 역.『국가론』. 서울: 집문당, 2012.

Margalit, Avishai. *The Decent Society*. 신성림 역.『품위 있는 사회』. 경기: 동녘, 2008.

국가인권위원회.『2021 국가인권위원회 인권상황보고서』. 서울: 국가인권위원회, 2022.

_____.『2022 국가인권위원회 인권상황보고서』. 서울: 국가인권위원회, 2023.

보건복지부.『2022 노인학대 현황보고서』. 세종: 보건복지부, 2023.

한국법제연구원.『노인인권규범 형성에 따른 국내법제 개선방안 연구 Ⅰ: 글로벌 규범 분석을 중심으로』. 세종: 한국법제연구원, 2022.

홍성수.『말이 칼이 될 때 - 혐오표현은 무엇이고 왜 문제인가』. 서울: 어크로스, 2018.

김성수. "인권과 평화를 위한 교회의 책임 - 볼프강 후버의 정의로운 평화의 윤리 연구".『기독교사회윤리』. 제44집 (2019. 8): 199-221.

_____. "능력주의의 문제와 법의 역할 - 볼프강 후버의 법윤리의 적용".『기독교사회윤리』. 제53집 (2022. 8): 9-34.

_____. "공적 교회의 위기와 그 역할의 재설정".『기독교사회윤리』. 제56집 (2023. 8): 159-84.

송진순. "한국 사회의 노인혐오 현상과 돌봄의 신학과 영성".『신학과 실천』. 제76호 (2021. 9): 249-77.

최성훈. "코로나19 관련 노인차별에 대한 공공신학적 분석 - 위험인식, 여가와 돌봄, 사회적 자본을 중심으로".『선교와 신학』. 제55집 (2021. 10): 423-53.